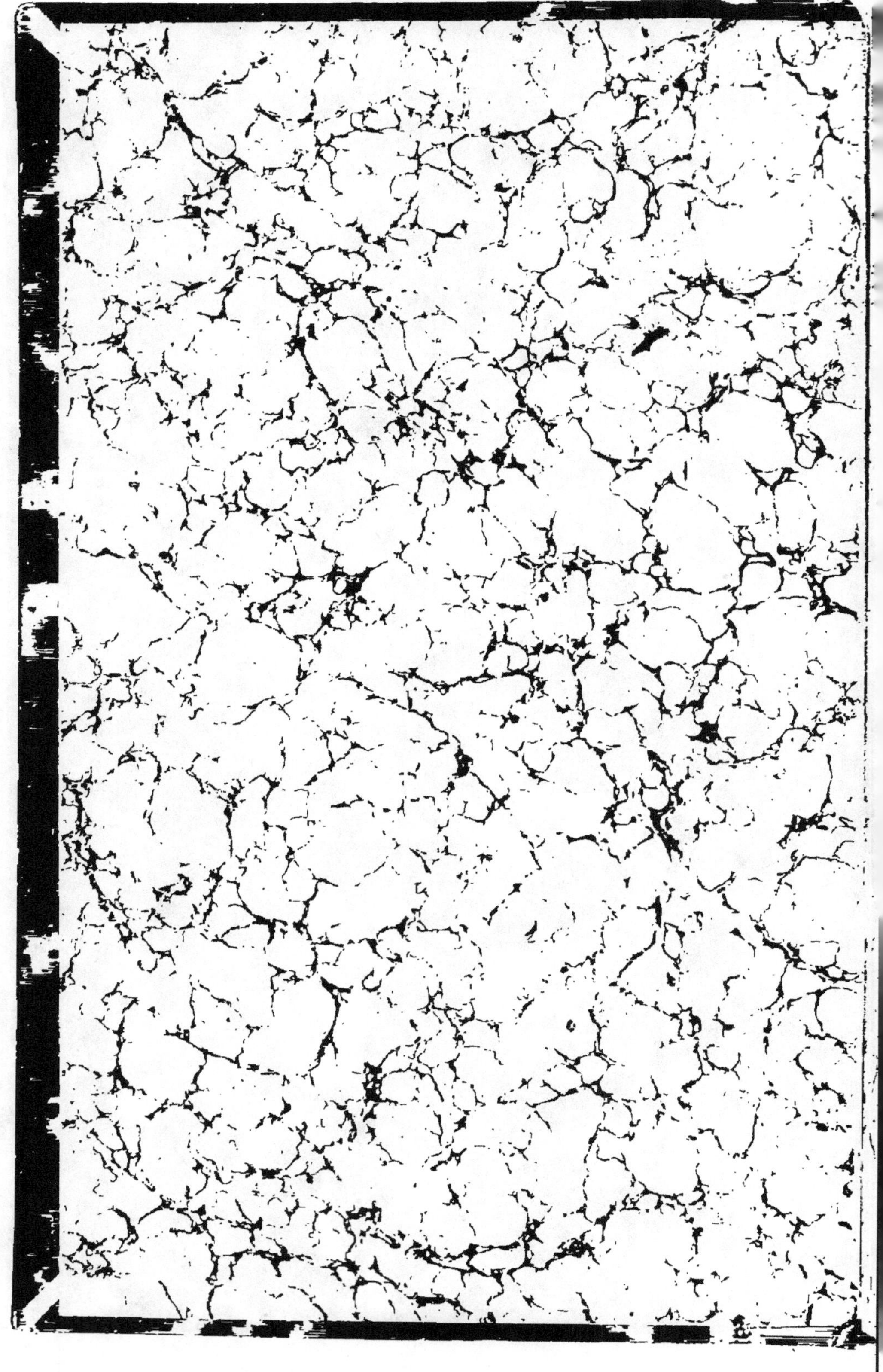

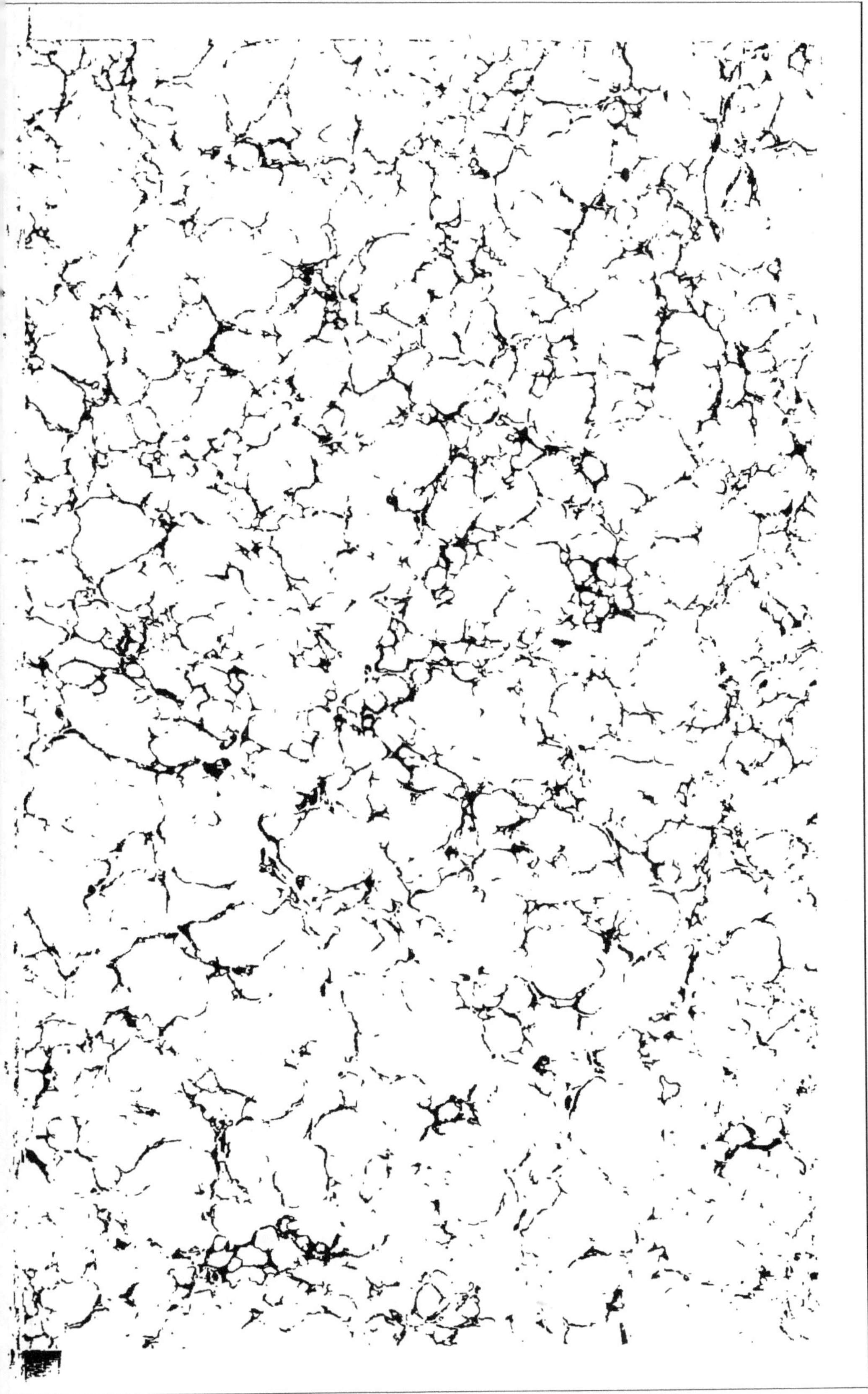

NOUVELLE BIBLIOTHEQUE

DES

CLASSIQUES FRANÇAIS.

DE L'IMPRIMERIE DE LACHEVARDIERE,
RUE DU COLOMBIER, N° 30, A PARIS.

ŒUVRES CHOISIES

DE LAFOSSE

ET

DE DUCHÉ.

PARIS,

LIBRAIRIE DE LECOINTE,

QUAI DES AUGUSTINS, N. 49.

1830.

NOTICE

SUR LA VIE ET LES OUVRAGES

DE LAFOSSE.

Antoine de Lafosse, sieur d'Aubigny, fils d'un orfevre, naquit à Paris vers l'année 1653. Il fut successivement secrétaire d'un envoyé du roi à Florence, du marquis de Créqui et du duc d'Aumont. A Florence, il composa une ode italienne qui le fit recevoir à l'académie des Apatistes, et il prononça devant elle un discours italien sur cette question : Quels sont les yeux les plus beaux, des noirs ou des bleus? Dans ce discours, il éludoit galamment la question, au lieu de la résoudre, en concluant que les yeux les plus beaux étoient ceux qui jetteroient sur lui les regards les plus favorables. Lorsque le marquis de Créqui fut tué à la bataille de Luzara, il étoit à ses côtés, et ce fut lui qu'on chargea d'apporter son cœur à Paris. Il mourut chez le duc d'Aumont, le 2 novembre 1708, âgé d'environ 55 ans. Homme de bien et homme de lettres véritable, il avoit exactement rempli tous ses devoirs, et n'avoit négligé que le soin de sa fortune.

Un seul ouvrage, Manlius, lui donne une des

premieres places parmi nos tragiques du second ordre. Il déclare qu'il a pris le sujet de cette piece dans Tite-Live; il l'a pris bien plutôt dans la Venise sauvée d'Otwai, qui l'avoit pris lui-même dans la conjuration contre Venise, de l'abbé de Saint-Réal. Lafosse a mis sous des noms romains les actions et les discours que l'historien françois, et apres lui le tragique anglois, avoient prêtés aux complices du marquis de Bedmar. Mais ce qui lui appartient, ce qui prouve son talent et fonde sa gloire, c'est d'avoir habilement assujetti aux lois séveres de notre scene les beautés irrégulieres de la piece angloise, d'y en avoir ajouté de nouvelles, et d'avoir revêtu les unes et les autres d'un style mâle et nerveux qui, s'il n'approche jamais de l'élégance enchanteresse de Racine, atteint du moins quelquefois à l'énergique sublimité de Corneille. « Tous les caracteres, dit « Laharpe, sont parfaitement traités: Manlius, « Servilius, Rutile, Valérie, agissent et parlent « comme ils doivent agir et parler. L'intrigue est « menée avec beaucoup d'art, et l'intérêt gradué « jusqu'à la derniere scene ». Ce ne sera point détruire cet éloge, que d'y mêler quelques critiques. Rutile, ce conjuré ferme jusqu'à la dureté, et prudent jusqu'à la défiance, porte peut-être trop loin la sécurité et la complaisance, lorsqu'il n'exige pas que Valérie, si justement suspecte comme fille du consul à qui les premiers coups sont destinés, lui soit remise en ôtage à lui-même, lorsqu'il consent au contraire à la laisser entre les mains de Manlius, l'ami de son époux, et dans une maison où un amas prodigieux d'armes et de nombreux entretiens secrets ne peuvent manquer de faire naître ses soupçons. Valérie elle-même qui doit sauver la vie de son pere, mais qui a promis le secret à son époux, Valérie, placée entre ces deux devoirs opposés, semble ne pas soutenir un assez long combat contre elle-même, et se résoudre trop promptement à révéler la conspiration. Mais ces défauts que la réflexion seule fait découvrir, ne sont point aperçus au théâtre, où l'ouvrage produit constamment une impression forte et profonde.

Il est affligeant, mais je crois nécessaire de rappeler ici la critique que Voltaire a faite de Manlius dans une lettre à M. d'Argental, critique dure et injuste à l'excès, dont quelques points se détruisent eux-mêmes en se contredisant, et dont tous les autres ont cédé aux moindres efforts de Laharpe, qui a cru devoir les réfuter. Au moment même où Voltaire venoit d'achever Rome sauvée, Manlius étoit repris avec un grand succès. Frappé des rapports que ces deux tragédies avoient entre elles, et alarmé sur le sort de la sienne dans cette espece de concurrence, il vouloit d'avance ruiner Manlius dans l'opinion de son parti ; et peut-être le besoin de se rassurer lui avoit-il fait voir à lui-même dans cet ouvrage tous les prétendus défauts qu'il signaloit à ses amis.

Les autres tragédies de Lafosse sont Polixene, Thésée et Corésus. Corésus tomba, et l'auteur n'appela point de l'arrêt du public. Moins docile, il avoit essayé, mais en vain, de repousser les critiques nombreuses dont Polixene avoit été l'objet. Thésée, un peu meilleur que Polixene et Corésus, eut aussi plus de succès ; mais le mérite n'en étoit pas assez grand pour le préserver de l'oubli où il est tombé.

Lafosse a laissé quelques poésies diverses, dont la partie la plus considérable est une traduction d'Anacréon. Il connoissoit, il sentoit parfaitement les beautés des anciens ; mais comment sa versification, dénuée d'élégance, de douceur et de mollesse, auroit-elle reproduit les graces délicates et fugitives du voluptueux vieillard de Téos ?

MANLIUS CAPITOLINUS,

TRAGÉDIE EN CINQ ACTES,

DE LA FOSSE.

1698.

ACTEURS.

MANLIUS CAPITOLINUS.
SERVILIUS, son ami.
VALÉRIE.
VALÉRIUS, consul, pere de Valérie.
RUTILE, un des chefs de la conjuration de Manlius.
ALBIN, confident de Manlius.
TULLIE, confidente de Valérie.
PROCULUS, un des domestiques de Manlius.

La scene est à Rome, dans la maison de Manlius, située sur le Capitole.

PRÉFACE.

Le sujet de cette tragédie se trouve dans le sixieme livre de la premiere Décade de Tite-Live. J'ai pris de cet excellent original tout ce qui m'a paru propre à soutenir mon ouvrage ; et j'ai laissé ce que je n'ai pas cru pouvoir traiter assez heureusement. Je me suis encore appuyé de la lecture de plusieurs fameuses conjurations anciennes et modernes ; et j'avoue que j'ai beaucoup emprunté, sur-tout de celle qui a été écrite en notre langue par un savant abbé assez connu par le mérite des écrits qu'il a mis au jour.

Quelque facilité qu'il y ait à détruire plusieurs critiques que j'ai entendu faire contre cette piece, je ne perdrai point de temps à les réfuter par une dissertation ; et je leur donne pour réponse l'approbation dont le public a honoré mon ouvrage.

MANLIUS CAPITOLINUS,

TRAGÉDIE.

ACTE PREMIER.

SCENE PREMIERE.

MANLIUS, ALBIN.

MANLIUS.

D'UN tel secret, Albin, tu connois l'importance,
Et ton zele éprouvé me répond du silence :
Mon courroux à tes yeux peut sans crainte éclater.
Justes dieux ! quand viendra le temps d'exécuter ?
Quand pourrai-je à la fois punir tant d'injustices
Dont ces tyrans de Rome ont payé mes services ?
Oui, je rends grace, Albin, à leur inimitié,
Qui, me débarrassant d'une vaine pitié,
Fait que de ma grandeur sur leur perte fondée,
Sans scrupule aujourd'hui j'envisage l'idée.
Car enfin, dans mes vœux tant de fois démenti,
Quand du peuple contre eux j'embrassai le parti,
Je voulois seulement, leur montrant ma puissance
A me mieux ménager contraindre leur prudence.
Mais après les affronts dont ils m'ont fait rougir,
Ma fureur ne sauroit trop tôt, ni trop agir.

Je veux leur faire voir, par un éclat terrible,
A quel point Manlius au mépris est sensible;
Combien il importoit de ne rien épargner,
Ou pour me perdre, Albin, ou bien pour me gagner.

ALBIN.

Oui, seigneur; mais enfin, quelque ardeur qui vous guide,
Un peuple variable, incertain, et timide,
Dont le zele d'abord ardent, impétueux,
Prête à ses protecteurs un appui fastueux,
Et qui dans le péril tremble, et les abandonne,
Est-il un sûr garant de l'espoir qu'il vous donne?
Vous-même qui deviez par cent et cent bienfaits
Le croire à votre sort attaché pour jamais,
Lorsque d'un dictateur l'injuste tyrannie
Vous fit d'une prison subir l'ignominie,
Tout ce peuple, seigneur, pour vous-même assemblé,
De frayeur à sa voix ne fut-il pas troublé?
Qui d'eux tous entreprit alors de vous défendre?

MANLIUS.

Ils ont forcé du moins le Sénat à me rendre.
Leur repentir accroît leur zele et mon espoir.
Mes fers par eux brisés leur montrent leur pouvoir,
Et que pour abolir une injuste puissance,
Tout le succès depend de leur persévérance.
Car enfin des efforts qu'ils ont faits jusqu'ici,
Souvent même sans chef, combien ont réussi!
Ils ont fait des tribuns dont l'appui salutaire
A l'orgueil des consuls est un frein nécessaire:
Aux plus nobles emplois on les voit appelés;
Les plus fiers des Romains par eux sont exilés;
Ils ont forcé les grands, au leur donnent leurs filles,
A souffrir avec eux l'union des familles;
Ils se font partager les terres des vaincus.
Et que faut-il, Albin, pour les faire oser plus,
Que leur montrer un chef dont les soins, le courage

Soutiennent les efforts où l'ardeur les engage?

ALBIN.

C'est donc sur cet espoir, seigneur, qu'à haute voix
Par-tout des sénateurs vous décriez les lois?
Quoi! ne craignez-vous point qu'une audace si fiere
Ne puisse à leurs soupçons donner trop de lumiere?

MANLIUS.

Non, Albin, leur orgueil, qui me brave toujours,
Croit que tout mon dépit s'exhale en vains discours.
Ils connoissent trop bien Manlius inflexible.
Ils me soupçonneroient à me voir plus paisible.
En me déguisant moins je les trompe bien mieux.
Sous mon audace, Albin, je me cache à leurs yeux;
Et préparant contre eux tout ce qu'ils doivent
craindre,
J'ai même le plaisir de ne me pas contraindre.

ALBIN.

Je ne vous dis plus rien. Vous avez tout prévu.
Je crois qu'à tout aussi vos soins auront pourvu.
Quels présages heureux pour un dessein si juste!
Cet écueil des Gaulois, ce Capitole auguste,
L'asile de nos dieux, le salut des Romains,
Vous-même y commandez, son sort est en vos mains.
Et que n'espérer pas du courage et du zele
De tant d'amis armés pour la même querelle!
De Rutile, sur-tout, ce guerrier généreux,
Qui, pressé des arrêts d'un Sénat rigoureux,
Eût, sans vos prompts secours, sans vos soins sa-
lutaires,
Fini dans les prisons sa vie et ses miseres!
Et quel bonheur encor que, sans être attendu,
Servilius hier se soit ici rendu!
Des devoirs d'un ami qu'avec zele il s'acquitte!
A peine, loin de Rome, il apprend dans sa fuite
Du Sénat contre vous l'arrêt injurieux,
Que, pour vous secourir, il revient en ces lieux.

En vain l'amour, l'effroi, les pleurs de Valérie
A son pere par lui si hautement ravie,
En vain tous ses amis ont voulu l'arrêter.
Et quels transports de joie a-t-il fait éclater
Lorsqu'en vous embrassant il s'est vu hors d'alarmes!
Que pour lui vos desseins doivent avoir de charmes!

MANLIUS.

Il n'en sait rien encore; et je voulois, Albin,
Sans témoin avec lui m'en ouvrir ce matin:
Mais l'aurais-tu pensé? la triste Valérie
Tremblante pour ses jours, et sur ses pas partie,
Est dans Rome en secret entrée heureusement.
Et chez moi pour le joindre arrive en ce moment.
Mais je vais au plutôt pour cette confidence...

ALBIN.

Quelqu'un vient.

SCENE II.

PROCULUS, MANLIUS, ALBIN.

PROCULUS.

Pour vous voir Valérius s'avance,
Seigneur.

MANLIUS.

Valérius! quel important souci
Oblige ce consul à me chercher ici?
Auroit-il su déja que sa fille enlevée,
Après Servilius, chez moi fût arrivée.
Va, cours les avertir, et qu'ils ne craignent rien.
Tu chercheras Rutile après cet entretien.

SCENE III.

MANLIUS, VALÉRIUS.

VALÉRIUS.

Je viens savoir de vous, seigneur, ce qu'il faut croire
D'un bruit qui se répand, et blesse votre gloire.
Servilius, dit-on, dans ces lieux retiré,
Croit y jouir, par vous, d'un asile assuré.
Il ose se flatter que, contre ma vengeance,
Vous voudrez bien vous-même embrasser sa défense.

MANLIUS.

Oui, seigneur, il est vrai qu'il ose s'en flatter.
Je prendrois pour affront que l'on en pût douter.
Je sais me garantir de cette erreur commune,
De trahir mes amis trahis par la fortune,
Régler sur son caprice et ma haine et mes vœux.
Ce qu'il a fait, seigneur, vous semble un crime affreux.
C'est ce qu'on ne voit pas avec tant d'évidence,
Lorsqu'on met un moment ses raisons en balance :
Mais quoi qu'il en puisse être enfin, par quelle loi,
Criminel envers vous, doit-il l'être envers moi?

VALÉRIUS.

Par cette loi, seigneur, des plus grands cœurs chérie,
De n'avoir point d'amis plus chers que la patrie;
De sacrifier tout au maintien de ses droits.
Votre ami par son crime en a blessé les lois.
A vos yeux comme aux miens il est par-là coupable.
Jusqu'à quand voulez-vous, si prompt, si secourable,
Sans vous inquiéter de nos soupçons secrets,
De tous les mécontents prendre les intérêts;
Les combler de faveurs? ordinaire industrie
De qui veut à ses lois asservir sa patrie.

MANLIUS.

Et quel moyen, seigneur, de guérir vos soupçons?
Où sont de vos frayeurs les secretes raisons?
Dois-je pour ennemis prendre tous ceux qu'offense
D'un sénat inhumain l'injuste violence?
Et suis-je criminel quand, par un doux accueil,
J'appaise leur courroux qu'irrite son orgueil?
C'est moi, c'est mon appui qui les conserve à Rome.
Vous demandez d'où vient qu'un Romain, un seul homme,
Des miseres d'autrui soigneux de se charger,
Offre à tous une main prompte à les soulager.
D'une pitié si juste est-ce à vous de vous plaindre?
Si c'est une vertu qu'en moi l'on doive craindre,
Si du peuple, par elle, on se fait un appui,
Pourquoi suis-je le seul qui l'exerce aujourd'hui?
Que ne m'enviez-vous un si noble avantage?
Pourquoi chacun de vous, pour être exempt d'ombrage,
Ne s'efforce-t-il pas, par les mêmes bienfaits,
De gagner, d'attirer les amis qu'ils m'ont faits?
Ne peut-on du sénat appaiser les alarmes
Qu'en affligeant le peuple, en méprisant ses larmes?
L'avarice, l'orgueil, les plus durs traitements,
Du salut d'un état sont-ils les fondements?
Mes bienfaits vous font peur; et d'un esprit tranquille
Vous regardez l'excès du pouvoir de Camille.
A l'armée, à la ville, au sénat, en tous lieux,
De charges et d'honneurs on l'accable à mes yeux.
De la paix, de la guerre il est lui seul l'arbitre.
Ses collegues soumis, et contents d'un vain titre,
Entre ses seules mains laissant tout le pouvoir,
Semblent à l'y fixer exciter son espoir.
D'où vient tant de respect, d'amour pour sa conduite?
Des Gaulois à son bras vous imputez la fuite.

Vos éloges flatteurs ne parlent que de lui.
Mais que deveniez-vous, avec ce grand appui,
Si dans le temps que Rome, aux barbares livrée,
Ruisselante de sang, par le feu dévorée,
Attendoit ses secours loin d'elle préparés,
Du Capitole encore ils s'étoient emparés?
C'est moi qui, prévenant votre attente frivole,
Renversai les Gaulois du haut du Capitole.
Ce Camille si fier ne vainquit qu'après moi
Des ennemis déja battus, saisis d'effroi.
C'est moi qui, par ce coup, préparai sa victoire;
Et de nombreux secours eurent part à sa gloire.
La mienne est à moi seul, qui seul ai combattu;
Et quand Rome empressée honore sa vertu,
Ce sénat, ces consuls, sauvés par mon courage,
Ou d'une mort cruelle, ou d'un vil esclavage,
M'immolent sans rougir à leurs premiers soupçons,
Me font de mes bienfaits gémir dans les prisons,
De mille affronts enfin flétrissent, pour salaire,
La splendeur de ma race et du nom consulaire.

VALÉRIUS.

Seigneur, de nos motifs, injustes à vos yeux,
Avec moins de chaleur vous pourriez juger mieux.
Si Camille aujourd'hui ne nous fait point d'om-
brage,
Nous voyons tous quel zele anime son courage;
Que suivre ses conseils du succès assurés,
C'est obéir aux dieux, qui les ont inspirés.
Avons-nous à rougir de cette obéissance,
Par qui croît notre gloire et notre indépendance?
N'est-ce pas là le but d'un cœur vraiment romain?
Lorsqu'on nous y conduit, qu'importe quelle main?
Vous avez même ardeur pour l'Etat, pour sa gloire;
Vos desseins sont pareils, et je veux bien le croire;
Mais, à parler sans fard, est-ce sans fondement
Que Rome inquiétée en jugeoit autrement?

Et quels soupçons sur-tout ne dut pas faire naître
Ce jour où, devant nous forcés de comparoître,
Votre parti nombreux, et celui du sénat,
Sembloient deux camps armés résolus au combat?
Quels flots de sang romain s'alloient alors répandre,
Si jusqu'au bout le peuple eût osé vous défendre!
On croyoit que vos soins, réglés sur ce succès,
A tout parti suspect fermeroient tout accès;
Mais de Servilius appuyant l'insolence...

MANLIUS.

Pour vous parler, seigneur, je le vois qui s'avance.
Peut-être, en l'écoutant, un sentiment plus doux
Prendra dans votre cœur la place du courroux.
Je vous laisse tous deux.

SCENE IV.

SERVILIUS, VALÉRIUS.

VALÉRIUS.

Que me veut ce perfide?

SERVILIUS.

Seigneur, si votre aspect m'étonne et m'intimide,
Je sais trop à quel point je vous suis odieux;
J'en fais tout mon malheur: j'en atteste les dieux,
Pour en finir le cours je viens ici me rendre:
Sans colere un moment voulez-vous bien m'entendre?

VALÉRIUS.

Et quel est ton espoir? qu'oses-tu souhaiter?
Moi, que tranquillement je puisse t'écouter!
Moi, j'oublirois ce jour où, préparant ta fuite,
Trop sûr d'être avoué de ma fille séduite,
Jusqu'au pied des autels ton amour furieux
Vint des bras d'un époux l'enlever à mes yeux!

Par quel ressentiment, par quel cruel supplice
Devrois-je....

SERVILIUS.

Hé! pouviez-vous avec quelque justice
De mon rival, Seigneur, récompenser la foi
D'un prix que vous saviez qui n'étoit dû qu'à moi?
Daignez mieux consulter et mes droits et ma gloire.
Et si ce jour fatal frappe votre mémoire,
Souvenez-vous aussi de cette horrible nuit
Où parmi le carnage, et la flamme, et le bruit,
A vos yeux éperdus les Gaulois, en furie,
Chargeoient déja de fers les mains de Valérie.
Que faisoit mon rival en ce moment affreux?
Il servoit Rome ailleurs. Je servois tous les deux;
Je combattis pour l'une, et je vous sauvai l'autre;
Tout couvert de mon sang, répandu pour le vôtre,
J'osai de mes travaux vous demander le fruit:
Et par votre refus au désespoir réduit,
Mon bras, contre un rival superbe et téméraire,
Fit ce que les Gaulois contre eux m'avoient vu faire.

VALÉRIUS.

Ainsi donc tu croyois, la sauvant des Gaulois,
Te faire une raison de m'imposer des lois!
Tu prétendois, en eux, triompher de moi-même,
Et sur mes droits détruits fonder ton droit suprême!
Car enfin de quel fruit tes soins sont-ils pour moi?
Je la perdois par eux, et je la perds par toi:
Aux vœux d'un autre en vain ma foi l'avoit promise;
Sur eux, comme sur moi, tu crois l'avoir conquise;
Tu me traites enfin en ennemi vaincu:
Pour me donner ce nom, que me reproches-tu?
Si ma promesse, ailleurs engageant Valérie,
Donne un sujet de plainte à ta flamme trahie,
Sa sœur, que je t'offrois, mon appui, mes bienfaits,
De mes mépris pour toi sont-ils donc les effets?

SERVILIUS.

Ah! sur moi vos bienfaits avoient beau se répandre,
Vous m'ôtiez plus, Seigneur, qu'ils ne pouvoient me rendre;
Valérie avoit seule et mon cœur et mes vœux;
Ce qui n'étoit point elle étoit au-dessous d'eux.
Sans elle tous vos dons, loin de me satisfaire,
N'étoient.... Mais où m'emporte une ardeur téméraire?
Tous mes raisonnements ne font que vous aigrir.
Hé bien! ce n'est qu'à vous que je veux recourir.
Pour ne devoir qu'à vous ma grace tout entiere,
J'implore ici pour moi votre bonté premiere.
Plus je parois, seigneur, criminel à vos yeux,
Plus l'oubli de mon crime est pour vous glorieux;
Vos aïeux et les miens, que cet hymen assemble,
Peuvent sans honte....

VALÉRIUS.

Hé bien! parlons d'accord ensemble.
Veux tu faire un effort digne de m'appaiser?

SERVILIUS.

Pour un bonheur si grand que puis-je refuser?
Parlez, Seigneur, parlez.

VALÉRIUS.

Ta valeur, ta naissance,
Peuvent faire, il est vrai, chérir ton alliance;
Mais je la tiens coupable, et ne te connois plus,
Depuis que l'amitié t'unit à Manlius,
A ce superbe esprit, suspect à sa patrie:
Sois, si tu veux, fidele à flatter sa furie;
Mais dégage mon sang du sort et des forfaits
Où pourroient quelque jour t'entraîner ses projets.
Romps aujourd'hui de gré ce que tu fis de force.
Entre ma fille et toi souffre enfin un divorce;
Ou, pour mieux m'expliquer, choisis dès aujourd'hui

Manlius sans ma fille, ou ma fille sans lui.
Vois de ces deux partis celui qui peut te plaire.
Tu ne peux qu'à ce prix désarmer ma colere.

SERVILIUS.

Si votre offre un moment avoit pu m'ébranler,
De ce fer, à vos yeux, je voudrois m'immoler.

VALÉRIUS.

C'en est assez. Adieu.

SCENE V.

SERVILIUS.

Moi, pour fuir ta furie,
Moi, trahir Manlius, ou perdre Valérie!
Barbare! ce dessein passe tous tes efforts.
Ils tiennent à mon cœur par des liens trop forts.
Pour les en arracher, il faut qu'on le déchire.
Tonne, éclate, assouvis la fureur qui t'inspire.
De quels traits si cruels me peut-elle percer
Qu'ils puissent...? mais je vois Valérie avancer.
O justes dieux, témoins de ma flamme immortelle,
Jugez-en à sa vue, ai-je trop fait pour elle?

SCENE VI.

VALÉRIE, SERVILIUS.

VALÉRIE.

Eh bien! vous avez vu mon pere en ce moment;
De tout votre entretien quel est l'événement?
Sa grace et son aveu sur l'hymen qui nous lie
Comblent-ils à la fin les vœux de Valérie?
Mais quel est le chagrin qui paroit dans vos yeux?
Quel malheur...?

SERVILIUS.

Voyez-vous ces murs si glorieux,
Où tant de grands héros ont reçu la naissance,
Où la faveur des dieux fait sentir leur présence,
Où de tout l'univers, s'il faut croire leur voix,
Les peuples asservis prendront un jour des lois,
Cette Rome, en un mot, ma patrie, et la vôtre?
Nous n'avons plus de part à son sort l'un ni l'autre;
Son aspect désormais ne nous est plus permis,
Et notre espoir n'est plus que chez ses ennemis.

VALÉRIE.

Je vous entends, seigneur; rien ne fléchit mon pere.
Il faut, en quittant Rome, éviter sa colere.
Mais j'en suis peu surprise: ô destin rigoureux!
Le sort d'une mortelle eût été trop heureux.
Cependant hâtons-nous, prévenons la tempête
Dont ses ressentiments menacent votre tête.
Par un plus long séjour cessons de l'irriter.
Rien ne doit plus, seigneur, ici nous arrêter.
Quelques malheurs sur nous que le destin assemble,
Nous souffrons, mais unis; nous fuyons, mais ensemble.
Tous lieux sont pleins d'attraits aux cœurs qui s'aiment bien.
Et peut-on être heureux sans qu'il en coûte rien?
Manlius, délivré d'une prison cruelle,
N'a plus ici, seigneur, besoin de votre zele.
Quitte envers un ami chéri si tendrement,
L'un à l'autre aujourd'hui rendons-nous pleinement.
D'un séjour si suspect, allons, fuyons la vue:
Venez; que de ma foi la vôtre convaincue
Apprenne qu'avec vous mon cœur trouve en tous lieux
Sa gloire, son bonheur, sa patrie, et ses dieux.

SERVILIUS.

O cœur vraiment fidele! ô vertu que j'adore!

Quel exil avec vous peut m'affliger encore ?
Quel bien me peut manquer ? Je conserve pour vous
Tous les feux d'un amant dans le cœur d'un époux :
Que dis-je ? vos beautés, vos vertus dans mon ame
Allument de plus près une plus vive flamme ;
Et mon cœur, chaque jour, surpris de tant d'attraits,
Voit toujours au-delà de ses derniers souhaits.
Oui, Valérie, allons, fuyons ce lieu funeste.
Mais voyons, avant tout, un ami qui me reste ;
Et dans notre embarras, dont ses yeux sont témoins,
Demandons-lui tous deux ses avis et ses soins.

FIN DU PREMIER ACTE.

ACTE II.

SCENE PREMIERE.

MANLIUS, SERVILIUS.

MANLIUS.

Non, je n'approuve point cette seconde fuite,
Ami. Ton sort changé doit changer ta conduite.

SERVILIUS.

Et quel motif secret te fait me condamner?
Crois-tu qu'avec plaisir je vais t'abandonner?
Que, bornant tous mes vœux à plaire à Valérie,
J'immole à son amour ton amitié trahie?
Plût aux dieux que tous trois réunis à jamais
Nos cœurs... Mais vaine idée, inutiles souhaits!
Tu vois par quel crédit, et par quelle puissance,
Valérius ici peut hâter sa vengeance;
Qu'en vain contre un sénat, trop déclaré pour lui,
Tes soins officieux m'offriroient un appui;
Et lorsque loin de Rome une fuite facile
Peut contre leur pouvoir m'assurer un asile,
Dois-je dans les périls d'un amour malheureux
Engager, sans besoin, un ami généreux?

MANLIUS.

Mais en fuyant ces lieux, fuiras-tu ta fortune?
Où prétends-tu traîner une vie importune?
Quelle ressource encore y pourras-tu trouver?
Sais-tu dans le sénat ce qui vient d'arriver?
Jusqu'où Valérius a porté sa colere?

SERVILIUS.

Non, et qu'a-t-il donc fait?

MANLIUS.

Tout ce qu'il pouvoit faire.
C'est peu, pour t'accabler, que le sénat cruel
Te condamne aux rigueurs d'un exil éternel ;
Pour te faire un tourment du jour que l'on te laisse,
Tes biens te sont ravis, tes titres, ta noblesse,
Ta maison, dont bientôt les trésors précieux
Vont être le butin du soldat furieux,
Et qui par mille mains aussitôt démolie
Va dans ses fondements tomber ensevelie.
Pour remplir cet arrêt déja l'ordre est donné :
Le fier Valérius lui-même l'a signé.
En un mot, tu perds tout, et dans ce sort funeste
Juge s'il te suffit de partager le reste
Des biens qu'avec mon sang versé dans les combats
J'ai prodigués en vain, en servant ces ingrats?

SERVILIUS.

Ainsi, pere cruel, ainsi ta barbarie,
En éclatant sur moi, tombe sur Valérie.
Son sort au mien uni devoit... Ah! Manlius!
Tu sais dans les périls quel est Servilius,
Tu sais si jusqu'ici le destin qui m'outrage
Au moindre abaissement a forcé mon courage.
Mais quand je songe, hélas! que l'état où je suis
Va bientôt exposer aux plus mortels ennuis
Une jeune beauté, dont la foi, la constance,
Ne peut trop exiger de ma reconnoissance ;
Je perds à cet objet toute ma fermeté :
Eh! pardonne, de grace, à cette lâcheté,
Qui, me faisant prévoir tant d'affreuses alarmes,
Dans ton sein généreux me fait verser des larmes.

MANLIUS.

Des larmes! Ah! plutôt par tes vaillantes mains
Soient noyés dans leur sang ces perfides Romains!

Des larmes ! jusque-là ta douleur te possede ?
Il est pour la guérir un plus noble remede ,
Un privilége illustre, un des droits glorieux ,
Qu'un homme tel que toi partage avec les dieux :
La vengeance. Ma main secondera la tienne.
Notre sort est commun ; ton injure est la mienne.
C'est à moi qu'on s'adresse ; et dans Servilius
On croit humilier l'orgueil de Manlius.
Unissons , unissons dans la même vengeance
Ceux qui nous ont unis dans une même offense.
De tant d'affronts cruels vengeons notre vertu ;
Perdons et sénateurs et consuls.

SERVILIUS

Que dis-tu ?
Dans ce discours obscur ta voix et ton visage
Relevent mon espoir, raniment mon courage.
Tu sembles méditer quelque important projet :
Acheve, acheve, ami, de m'ouvrir ton secret.

MANLIUS.

Au même état que moi, ton cœur, par sa colere,
Devroit avoir compris ce que le mien peut faire.
Apprends donc que bientôt nos tyrans, par leur mort,
De Rome entre mes mains vont remettre le sort.
J'ai de braves amis pour chefs de l'entreprise :
Et, gagné par mes soins, ou par leur entremise,
Le peuple a su choisir, pour traiter avec moi ,
Rutile, dont tu sais la prudence et la foi.
Pour en hâter le temps, trop lent à ma vengeance ,
Je l'ai fait avertir qu'il vînt en diligence :
Tout me flatte. J'ai su , pour l'effet de mes vœux ,
Trouver divers moyens, indépendants entre eux ,
Qui peuvent s'entr'aider, sans pouvoir s'entrenuire ,
Et dont à mon dessein un seul peut me conduire ;
Et s'il peut s'accomplir, je te laisse à juger
Ce que mon amitié t'y fera partager.

Voilà, Servilius, le dessein qui m'anime,
Sur qui tu dois fonder ton espoir légitime:
Non qu'il m'aveugle assez pour me faire penser
Qu'un caprice du sort n'ose le renverser:
Je sais trop quels revers tout-à-coup il déploie:
Mais ne vaut-il pas mieux, ami, que Rome voie
Manlius périssant en voulant se venger,
Que Manlius vivant, qui se laisse outrager?
Toi-même, de ton sort vengeant l'ignominie,
Verrois-tu d'un autre œil la perte de ta vie?

SERVILIUS.

Non, non, Manlius, non. Je fais les mêmes vœux;
J'écoute avec transport ton dessein généreux;
Et je tire ce fruit des malheurs de ma vie,
Qu'ils sauront à mon zele ajouter ma furie.
Commande seulement: sur qui de ces ingrats
Doit éclater d'abord la fureur de mon bras?
Faut-il qu'avec ma suite affrontant leurs cohortes,
Du sénat, en plein jour, j'aille briser les portes?
Ou renverser sur eux leurs palais embrasés?
Tu vois à t'obéir tous mes vœux disposés.

MANLIUS.

Je te veux, avant tout, présenter à Rutile.
Comme il est d'un esprit exact et difficile,
Il faudra qu'un serment, où tous se sont soumis,
De ta foi dans ses mains assure nos amis:
Et tu comprends assez, sans qu'on t'en avertisse,
Que, soigneux de cacher jusqu'au plus foible indice,
A tous autres après et tes yeux et ton front
En doivent dérober le mystere profond.

SERVILIUS.

Tu me connois trop bien pour craindre qu'un reproche...

MANLIUS.

Laisse-moi lui parler; je le vois qui s'approche:
Mais ne t'éloigne pas; je vais te rappeler.

SCENE II.

MANLIUS, RUTILE.

MANLIUS.

Enfin il n'est plus temps, seigneur, de reculer.
Nous avons par nos soins et par nos artifices
Du sort, autant qu'on peut, enchaîné les caprices.
Il faut des actions, et non plus des conseils.
La longueur est funeste à des desseins pareils.
Peut-être avec le temps mes soins, aidés des vôtres,
Aux moyens déja pris en ajouteroient d'autres:
Mais d'abord qu'une fois on peut, comme à présent,
En avoir joint ensemble un nombre suffisant,
De peur qu'un coup du sort les rompe ou les divise,
Il faut s'en prévaloir, et tenter l'entreprise.
Quel temps d'ailleurs, quel lieu s'accorde à nos moyens!
Le sénat, déclarant la guerre aux Circéiens,
Doit, pour la commencer sous un heureux auspice,
Venir au Capitole offrir un sacrifice.
Quel temps, dis-je, quel lieu propice à nos desseins!
Un temps où tout entier il se livre en nos mains;
Un lieu dont je suis maître, où les portes fermées
A nos libres fureurs l'exposent sans armées.
Le jour n'en est pas pris: mais, pour s'y préparer,
Des sentiments du peuple il se faut assurer.
Il faut, contre un sénat dont il hait la puissance,
Par nos soins redoublés irriter sa vengeance.
La peur d'être suspect lui défend de me voir:
Mais en vos soins, seigneur, je mets un plein espoir.
Je sais qu'en nos projets l'ardeur qu'il vous inspire
Vous saura suggérer tout ce qu'il faudra dire.
Ce n'est pas tout encor: vous avez su, je croi,
Qu'hier Servilius est arrivé chez moi,

Qu'il n'est point de secret que mon cœur lui déguise?

RUTILE.

Comment! par vous, seigneur, sait-il notre entreprise?

MANLIUS.

Oui. Quel étonnement...

RUTILE.

Je m'explique à regret,
Et voudrois étouffer un scrupule secret,
Si vos desseins trahis n'exposoient que ma vie:
Mais sur moi de son sort un grand peuple se fie;
Je dois craindre, seigneur, en vous marquant ma foi,
D'immoler son salut à ce que je vous doi.
Ce n'est point par son sang qu'il faut que je m'acquitte.
Je connois votre ami. Je sais ce qui l'irrite,
Qu'il peut, en nous aidant, relever son destin;
Mais au sang du consul l'hymen l'unit enfin,
D'un superbe consul, proscrit par notre haine:
Et quoiqu'à le fléchir il ait perdu de peine,
Qu'il semble hors d'espoir de le rendre plus doux,
Est-il un cœur si fier, si plein de son courroux,
Qui refusât, seigneur, l'oubli de sa vengeance
A l'aveu d'un secret d'une telle importance?
Sur quelques droits puissants que se fonde aujourd'hui
Cette ferme amitié qui vous répond de lui,
L'amour y peut-il moins? en est-il moins le maître?
Que dis-je? s'il falloit que le hasard fît naître
Quelque intérêt qu'entre eux son cœur dût décider,
Pensez-vous que ce fût à l'amour à céder?

MANLIUS.

Pour faire évanouir ce soupçon qui l'offense,
Il suffit à vos yeux de sa seule présence.
Venez, Servilius.

SCENE III.

MANLIUS, SERVILIUS, RUTILE.

SERVILIUS.

Quel destin glorieux,
Quel bonheur imprévu m'attendoit dans ces lieux,
Seigneur! que le dessein que l'on m'a fait connoître
Doit... Mais quelle froideur me faites-vous paroître?
Vous serois-je suspect? ai-je en vain prétendu...?

RUTILE.

Pourquoi le demander? vous m'avez entendu.

SERVILIUS.

Oui, seigneur; et, bien loin que mon cœur s'en offense,
Moi-même j'applaudis à votre défiance.
Moi-même, comme vous, je récuse la foi
D'un ami trop ardent, trop prévenu pour moi;
Et ne veux point ici, par un serment frivole,
Rendre envers vous les dieux garants de ma parole.
C'est pour un cœur parjure un trop foible lien.
Je puis vous rassurer par un autre moyen:
(*en montrant Manlius.*)
Je vais mettre en ses mains, afin qu'il en réponde
Plus que si j'y mettois tous les sceptres du monde,
Le seul bien que me laisse un destin envieux.
Valérie est, seigneur; retirée en ces lieux.
De ma fidélité voilà quel est le gage.
A cet ami commun je la livre en ôtage;
Et moi, pour mieux encor vous assurer ma foi,
Je réponds en vos mains et pour elle et pour moi.
Témoins de tous mes pas, observez ma conduite;
Et si ma fermeté se dément dans la suite,
A mes yeux aussitôt prenez ce fer en main;
Dites à Valérie, en lui perçant le sein,
« Pour prix de ta vertu, de ton amour extrême,

« Servilius par moi t'assassine lui-même. »
Et dans le même instant, tournant sur moi vos coups,
Arrachez-moi ce cœur : qu'il soit aux yeux de tous
Montré comme le cœur d'un lâche, d'un parjure,
Et qu'aux vautours après il serve de pâture.
(*à Manlius.*)
Vous, seigneur, de ma part, allez la préparer
A voir pour quelques jours le sort nous séparer ;
Et daignez maintenant, pour m'épargner ses larmes,
Lui porter mes adieux, et calmer ses alarmes.

SCENE IV.

SERVILIUS, RUTILE.

RUTILE.

Seigneur, de mes soupçons je reconnois l'erreur ;
Je vois d'un œil charmé votre noble fureur.
De votre foi, pour nous, c'est le plus sûr ôtage ;
Et je n'en voudrois point exiger d'autre gage,
S'il n'étoit à propos de prouver cette foi
A d'autres qui seroient plus défiants que moi :
Car enfin, le projet où s'unit notre zele
Est tel qu'en vain chacun répond d'un bras fidele :
Il ne porte au péril qu'un courage flottant,
Quand lui-même de tous il n'en croit pas autant.
Cependant, pénétré de votre ardeur extrême,
Je vous laisse, seigneur, et vous rends à vous-même.
Consultez Manlius ; qu'il choisisse avec vous
Le poste où votre bras doit seconder nos coups ;
Tandis que, pour hâter le jour de notre joie,
Je cours en diligence où son ordre m'envoie.

SERVILIUS.

Et moi, pour éviter des chagrins superflus,
Je fuirai Valérie, et ne la verrai plus.
Manlius prendra soin d'appaiser sa tristesse.
Je bannis loin de moi toute vaine tendresse ;

Et je veux désormais ne laisser dans mon cœur
Que l'espoir du succès qui flatte ma fureur.

SCENE V.

RUTILE.

Son front et ses discours font voir un grand courage,
Et pour me rassurer il n'a pu davantage ;
Cependant c'est peut-être un premier mouvement
Que fait naître en son cœur un vif ressentiment ;
Il n'examine rien, rempli de sa vengeance.
Allons exécuter notre ordre en diligence ;
Et revenons d'abord éprouver si son cœur
Du dessein qu'il embrasse a compris la grandeur.

FIN DU SECOND ACTE.

ACTE III.

SCENE PREMIERE.

VALÉRIE, TULLIE.

VALÉRIE.

Non, rien ne peut calmer le trouble qui m'agite.
D'où vient que, sans me voir, Servilius me quitte?
Qu'un autre vient pour lui me porter ses adieux?
Quel est de son départ le but mystérieux?
Quel dessein forme-t-il, lorsque Rome l'exile?
Il vient d'entretenir Manlius et Rutile.
Est-ce par leur conseil que, s'éloignant de moi,
Il commence à cacher ses secrets à ma foi?
Mais quelque espoir me reste, et fait que je respire.
Il est chez Manlius. On vient de te le dire.
Je veux le voir sortir, je veux l'attendre ici.

TULLIE.

Madame, quel sujet vous peut troubler ainsi?
Craignez-vous qu'un héros si grand, si magnanime,
Vous veuille abandonner au sort qui vous opprime?
Connoissez-vous si mal un cœur si généreux?
Ah! perdez des frayeurs indignes de ses feux.
De sa fidélité vos malheurs sont un gage.
Et comment pouvez-vous en prendre tant d'ombrage?
Vous qui si hautement faites voir en ce jour
Que le sort ne peut rien contre un parfait amour?

VALÉRIE.

Déja sur ces raisons j'ai condamné ma crainte :
Mais à peine mon cœur en repousse l'atteinte,
Que, troublant le repos qu'il commence à goûter,
D'autres soupçons affreux le viennent agiter.
Je ne saurois plus vivre en ce cruel supplice,
Tullie. Avant qu'il parte il faut qu'il m'éclaircisse.

TULLIE.

J'entends ouvrir. C'est lui, madame.

VALÉRIE.

Laisse-nous.

SCENE II.

SERVILIUS, VALÉRIE.

SERVILIUS.

Oui, Sénat, ton orgueil va tomber sous mes coups,
Et je viens de choisir le poste où ma furie...
Mais que vois-je?

VALÉRIE.

Ah! Seigneur, vous fuyez Valérie?

SERVILIUS.

Eh! que prétendez-vous? Venez-vous dans ces lieux
Redoubler ma douleur par de tristes adieux?
Croyez-vous par vos pleurs ébranler ma constance?

VALÉRIE.

Non, seigneur, je n'ai plus une haute espérance.
Il est vrai, jusqu'ici, charmé de ses liens,
Votre cœur à mes vœux soumettoit tous les siens;
Mes moindres déplaisirs inquiétoient son zele:
Mais ce temps-là n'est plus; ce cœur est un rebelle,
Que l'hymen enhardit, par ses superbes droits,
A mépriser enfin la douceur de mes lois.
Il me fuit, il me laisse, en proie à mille alarmes,
Percer le ciel de cris, me noyer dans mes larmes,

Et montre en m'affligeant un courage affermi,
Plus que s'il se vengeoit d'un cruel ennemi.

SERVILIUS.

Qu'entends-je, Valérie? Est-ce à moi que s'adresse
Ce reproche odieux que fait votre tendresse?
Est-ce moi dont l'hymen a glacé les ardeurs?
Suis-je enfin ce rebelle insensible à vos pleurs?

VALÉRIE.

Non, vous ne l'êtes plus, lorsque je vous écoute.
Je ne puis plus sur vous conserver aucun doute.
Votre aspect rend le calme à mon cœur agité.
Mais pour n'abuser pas de ma facilité,
Donnez-moi des raisons qui puissent vous défendre,
Quand je ne pourrai plus vous voir ni vous entendre:
Tout prêt à me quitter, ne me déguisez rien.
Dites-moi...

SERVILIUS.

C'est assez; quittons cet entretien,
Valérie: et sur moi quel que soit votre empire,
Respectez un secret que je ne puis vous dire.

VALÉRIE.

Eh! que pouvez-vous craindre? Ah! connoissez-moi mieux,
Et que mon sexe ici ne trompe point vos yeux.
Ne me regardez point comme une ame commune
Qu'étonne le péril, qu'un secret importune;
Mais comme la moitié d'un Héros, d'un Romain,
Comme un fidele ami reçu dans votre sein,
Qui sut depuis long-temps, par une heureuse étude,
De toutes vos vertus s'y faire une habitude,
D'un zele généreux, du mépris de la mort,
D'une foi toujours ferme en l'un et l'autre sort.
Mon cœur peut désormais tout ce que peut le vôtre;
Et de quoi que le ciel menace l'un et l'autre,
Pour vous je puis sans peine en braver tous les coups,

Ou bien les partager, s'il le faut, avec vous.

SERVILIUS.

Ah ! vos bontés pour moi n'ont que trop su paroître,
Et mon sang est trop peu pour les bien reconnoître.
Mais avec tant d'ardeur pourquoi me demander
Ce que ma gloire ici ne vous peut accorder?
Souffrez que mon devoir borne votre puissance.
Les secrets que je cache à votre connoissance
Sont tels... Mais où se vont égarer mes esprits?
Adieu.

VALERIE.

Vous me fuyez en vain. J'ai tout compris.
Notre départ remis, votre fureur secrete,
Dont cet air sombre et fier m'est un sûr interprête,
Votre ardeur à me fuir, contre vous tout fait foi.
Vous voulez vous venger de mon pere.

SERVILIUS.

Qui, moi?

VALÉRIE.

Vous-même. Vainement vous me le voulez taire.
Mon amour inquiet de trop près vous éclaire.
Rutile et Manlius, pour qui vous me fuyez,
Par leurs communs chagrins avec vous sont liés.
De là ces entretiens où l'on craint ma présence :
Et, s'il faut m'expliquer sur tout ce que je pense,
De tant d'armes, seigneur, l'amas prodigieux,
Qu'avec soin Manlius fait cacher dans ces lieux,
Après ce qu'on a dit de ses projets sur Rome,
Marque d'autres desseins que la perte d'un homme :
De ses affronts récents encor tout furieux,
Sur le sénat sans doute il va faire...

SERVILIUS.

Grands Dieux !
Qu osez-vous pénétrer? Savez-vous, Valérie,
Quel péril désormais menace votre vie ;

Que votre sûreté dépend à l'avenir
D'effacer ce discours de votre souvenir?
Par le moindre soupçon pour peu qu'on en apprenne,
C'est fait de votre vie ensemble et de la mienne.
Vous êtes en ces lieux l'ôtage de ma foi.
Je le suis de la vôtre.

VALÉRIE.

Ah! je frémis d'effroi.
Moi l'ôtage odieux d'une aveugle furie,
Par qui doivent périr mon pere et ma patrie?

SERVILIUS.

Ah! retenez vos cris. Est-ce là ce grand cœur?

VALÉRIE.

Oui, c'est lui qui pour vous peut braver le malheur,
Mais qui frémit pour vous d'une action si noire.
Vous, à votre vengeance immoler votre gloire!
Contre votre pays former de tels desseins!
Vous, au sang de mon pere oser tremper vos mains!
En ce jour, il est vrai, son courroux redoutable
Vient de combler les maux dont le poids nous accable:
Mais c'est mon pere, enfin, seigneur. Pouvez-vous bien
Verser vous-même un sang où j'ai puisé le mien,
A qui même est uni le sang qui vous fit naître?
Quoi! sans craindre les noms de meurtrier, de traître,
Ce cœur, jusqu'à ce jour si grand, si généreux,
Médite avec plaisir tant de meurtres affreux?
Quelques charmes d'abord que la vengeance étale,
Songez qu'à ses auteurs elle est toujours fatale,
Et qu'en proie au remords qui suit ses noirs effets,
Souvent les mieux vengés sont les moins satisfaits.

SERVILIUS.

Vous jugez mal de moi. Je cherche, Valérie,
Moins à venger mes maux qu'à sauver ma patrie.

Ce n'est point pour la perdre un sanglant attentat.
Je verse un mauvais sang pour en purger l'état.

VALÉRIE.

Et de quel sang plus pur pouvez-vous bien prétendre
De remplacer celui que vous voulez répandre?
De qui prétendez-vous sauver votre pays?
Du sénat, des consuls, par le peuple haïs?
Ah! d'un peuple insensé suivez-vous les caprices?
Et quoi que le sénat ait pour vous d'injustices,
Quoi que puisse à nos cœurs inspirer le courroux,
N'est-il pas et plus juste et plus digne de nous
De souffrir seuls les maux qui troublent notre vie,
Que de voir dans les pleurs toute notre patrie?
Ne croyez pas pourtant qu'après un tel discours
Je trahisse un secret d'où dépendent vos jours.
Ces jours sont pour mon cœur d'un prix que rien n'égale.
Mais si, pour désarmer votre fureur fatale,
Mon pere dans mes pleurs ne trouve point d'appui
J'en atteste les dieux, je péris avec lui.
Je vous laisse y penser.

SCENE III.

SERVILIUS.

Par quel destin contraire,
A-t-elle pénétré ce dangereux mystere!
Quel embarras fatal! Je n'ai pu rien nier.
C'étoit un artifice inutile et grossier.
J'ai dû, pour la contraindre à garder le silence,
En faire à son amour comprendre l'importance.
Et que craindre, après tout, d'un cœur tel que le sien?

Mais n'ai-je rien moi-même à soupçonner du mien?
Quel trouble, en l'écoutant, quelle pitié soudaine,
Pour nos tyrans proscrits vient d'ébranler ma haine!
Qui? moi? je douterois d'un si juste courroux?
Je pourrois... Non, ingrats, non, vous périrez tous.
L'arrêt en est donné par ma haine immortelle.

SCENE IV.

MANLIUS, SERVILIUS.

MANLIUS.

Ami, je viens t'apprendre une heureuse nouvelle:
Le sénat, pour demain, selon nos vœux secrets,
D'un pompeux sacrifice ordonne les apprêts:
C'est demain, pour l'offrir, qu'il doit ici se rendre.
De la part de Rutile on vient de me l'apprendre.
Cependant Valérie est libre dans ces lieux,
Et sa vue à toute heure est permise à tes yeux.
Excuse si ma main l'a reçue en ôtage.
De Rutile par là j'ai dû guérir l'ombrage.
Devant lui seulement, prends garde qu'aujour-
d'hui...
Mais il entre.

SCENE V.

RUTILE, MANLIUS, SERVILIUS.

RUTILE, *à part.*

Je vois Manlius avec lui;
C'est ce que je souhaite. Eprouvons son courage.

MANLIUS.

Quelle joie à nos yeux marque votre visage,

Seigneur? De nos amis que faut-il espérer?

RUTILE.

Tout, seigneur. Avec nous tout semble conspirer;
A l'effet de nos vœux il n'est plus de remise.
En arrivant chez moi, quelle heureuse surprise!
J'ai trouvé ceux du peuple à qui de nos projets
Je puis en sûreté confier les secrets:
Eux-mêmes ils venoient, au bruit du sacrifice,
M'avertir qu'il falloit saisir ce temps propice.
Tout transporté de joie, à voir qu'en ses besoins
Leur zele impatient eut prévenu mes soins;
Oui, chers amis, leur dis-je, oui, troupe magnanime,
Le destin va remplir l'espoir qui vous anime.
Tout est prêt pour demain; et, selon nos souhaits,
Demain le consulat est éteint pour jamais.
De nos prédécesseurs quelle fut l'imprudence,
Qui, détruisant d'un roi la suprême puissance,
Sous un nom moins pompeux, se sont faits deux tyrans,
Qui, pour nous accabler, sont changés tous les ans,
Et qui tous, l'un de l'autre héritant de leurs haines,
S'appliquent tour à tour à resserrer nos chaînes!
Tels et d'autres discours redoublant leur fureur,
Je crois devoir alors leur ouvrir tout mon cœur,
Leur marquer nos apprêts, nos divers stratagêmes,
Appuyés en secret par des sénateurs mêmes;
Ce que devoient dans Rome exécuter leurs bras,
Tandis qu'au Capitole agiroient vos soldats;
Les postes à surprendre, et d'autres qu'on nous livre,
Les forces qu'on aura, les chefs qu'il faudra suivre,
En quels endroits se joindre, en quels se séparer,
Tous ceux dont par le fer on doit se délivrer,
Les maisons des proscrits que, sur notre passage,
Nous livrerons d'abord à la flamme, au pillage:
Qu'une pitié sur-tout, indigne de leur cœur,

A nos tyrans détruits ne laisse aucun vengeur.
Femmes, peres, enfants, tous ont part à leurs crimes,
Tous sont de nos fureurs les objets légitimes.
Tous doivent... Mais, seigneur, d'où vient qu'à ce récit
Votre visage change et votre cœur frémit?

SERVILIUS.

Oui. Si pres d'accomplir notre grande entreprise,
Je frémis à vos yeux de joie et de surprise;
Et mon cœur moins ému ne croiroit pas, seigneur,
Sentir, autant qu'il doit, un si rare bonheur.

RUTILE.

Excusez mon erreur, et m'écoutez. J'ajoute:
Ils n'ont de nos desseins ni lumiere ni doute.
Il faut qu'en ce repos où s'endort leur orgueil
La foudre les réveille au bord de leur cercueil.
Et lorsqu'à nos regards les feux et le carnage
De nos fureurs par-tout étaleront l'ouvrage;
Du fruit de nos travaux tous ces palais formés,
Par les feux dévorants pour jamais consumés;
Ces fameux tribunaux où régnoit l'insolence,
Et baignés tant de fois des pleurs de l'innocence,
Abattus et brisés, sur la poussiere épars,
La terreur et la mort errant de toutes parts;
Les cris, les pleurs, enfin toute la violence,
Où du soldat vainqueur s'emporte la licence;
Souvenons-nous, amis, dans ces moments cruels,
Qu'on ne voit rien de pur chez les foibles mortels;
Que leurs plus beaux desseins ont des faces diverses,
Et que l'on ne peut plus, après tant de traverses,
Rendre, par d'autre voie, à l'état agité,
L'innocence, la paix, enfin la liberté.
Chacun, à ce discours qui flatte son audace,
Sur son espoir prochain s'applaudit et s'embrasse.
Chacun, par mille vœux, en hâte les moments,

Et pour vous, à l'envi, fait de nouveaux serments.

MANLIUS.

Ainsi donc à nos vœux la fortune propice
A conduit nos tyrans au bord du précipice :
Et je n'ai plus qu'un jour à souffrir leur mépris.
Mais quel effort, seigneur, quel assez digne prix
M'acquittant, à vos soins...

RUTILE.

Je ne puis vous le taire,
Il est une faveur que vous pourriez me faire :
Mais cet ami veut bien que, sur mes intérêts,
Je n'explique qu'à vous mes sentiments secrets.

SERVILIUS.

Je vous laisse, seigneur.

SCENE VI.

MANLIUS, RUTILE.

MANLIUS.

Par quel bonheur extrême
Vous puis-je..?

RUTILE.

En me servant, vous vous servez vous-même,
Seigneur : il vous souvient des serments que j'ai faits,
Lorsqu'avec nos amis j'embrassai vos projets.
Je jurai devant tous que, si j'avois un frere
Pour qui m'intéressât l'amitié la plus chere ;
Quand tous deux, en même heure ayant reçu le jour,
Nourris sous mêmes soins, dans le même séjour,
Le ciel auroit uni, par les plus fortes chaînes,
Nos vœux, nos sentiments, nos plaisirs et nos peines ;
Si ce frere si cher, troublé du moindre effroi,
Me pouvoit faire en lui craindre un manque de foi,

Par moi-même aussitôt sa lâcheté punie
Préviendroit notre perte et son ignominie.
Vous louâtes, seigneur, ce noble sentiment,
Et chacun après vous fit le même serment.

MANLIUS.

Eh bien?

RUTILE.

Voici le temps qu'un effort nécessaire
Doit de votre serment prouver la foi sincere.

MANLIUS.

Sur qui?

RUTILE.

Sur votre ami. Je vous l'avois prédit:
Tandis qu'il m'écoutoit, rêveur, triste, interdit,
Les yeux mal assurés, il m'a trop fait connoître
Un repentir secret, dont il n'est pas le maître.
L'horreur de Rome en feu l'a fait frémir d'effroi:
Et ne l'avez-vous pas observé comme moi?
Ces preuves à vos yeux ne sont pas évidentes;
Mais, selon nos serments, elles sont suffisantes.
Nous sommes convenus que, dans un tel dessein,
Le soupçon doit souvent bien passer pour certain;
Et qu'il vaut mieux encor, dans un doute semblable,
Immoler l'innocent qu'épargner le coupable.
Servilius lui-même en est tombé d'accord.
De lui, de son ôtage, il a conclu la mort:
Et si quelque pitié, s'emparant de notre ame,
Force notre pitié d'épargner une femme,
Qu'elle soit en lieu sûr gardée étroitement;
Et qu'il soit immolé, lui qui rompt le serment.

MANLIUS.

Et qui l'immolera? Vous? Que m'osez-vous dire?
Quelle est cette fureur qu'un soupçon vous inspire?
Sachez que, devant moi par tout autre outragé,
Son honneur par ce bras seroit déja vengé.
Mais je vous rends justice, et crois que cette offense

Est un effet en vous de trop de prévoyance.
Faites-moi même grace, et, calmant votre effroi,
Du choix de mes amis reposez-vous sur moi.
Songez que ce soupçon est une peur subtile,
Et par-là qu'il sied mal au grand cœur de Rutile.

RUTILE.

En vain vous me quittez. Il faut qu'en cet instant
J'éclaircisse avec vous ce soupçon important.

FIN DU TROISIEME ACTE.

ACTE IV.

SCENE PREMIERE.

SERVILIUS.

Ou m'égaré-je? où suis-je? et quel désordre ex-
trême
Guide au hasard mes pas, et m'arrache à moi-même?
Quel changement subit! ô vengeance! ô courroux,
A mes lâches remords m'abandonnerez-vous?
N'est-ce donc qu'à souffrir qu'éclate ma constance?
Et faut-il que je tremble à punir qui m'offense?
Mais mon courage en vain tâche à se raffermir.
Ah! si le seul récit m'a pu faire frémir,
Quel serai-je, grands dieux! au spectacle terrible
De tout ce qui peut rendre une vengeance horrible?
Ah! fuyons; dérobons nos mains à ces forfaits.
Mais où fuir? en quels lieux te cacher désormais,
Où dans des flots de sang Rome entiere noyée
Ne s'offre pas sans cesse à ton ame effrayée?
En la laissant périr ne la trahis-tu pas?
Et même tes amis qui comptoient sur ton bras?
Envers les deux partis ta fuite est criminelle.
Non, non, pour l'un des deux il faut fixer ton zele;
Pour tenir tes serments il faut tout immoler;
Ou bien, pour sauver Rome, il faut tout révéler.
Tout immoler! ton cœur marque trop de foiblesse.
Tout révéler! ton cœur y voit trop de bassesse.

Tu perdrois tes amis! Eh ! quel choix feras-tu ?
Deux écueils opposés menacent ta vertu.
En se sauvant de l'un, elle périt sur l'autre.
O vous, dont l'équité sert d'exemple à la nôtre,
Vous, qui de la vertu nous prescrivez les lois,
Dieux justes, dieux puissants, souffrez-vous cette fois
Que ce cœur, si fidele à l'honneur qui l'anime,
Tombe enfin, malgré lui, dans les piéges du crime?

SCENE II.

VALÉRIE, SERVILIUS.

VALÉRIE, *à part.*

Ciel, qui m'as inspirée en ce juste dessein,
Prête-moi jusqu'au bout ton appui souverain.
(*haut.*)
Seigneur, je juge assez quelle est l'inquiétude
Qui vous fait en ce lieu chercher la solitude,
Quels soucis différents vous doivent partager.
Mais votre cœur enfin veut-il s'en dégager ?
Voulez-vous aujourd'hui qu'une heureuse industrie
Sauve tous vos amis en sauvant la patrie ?
Nous le pouvons, seigneur, sans danger, sans effort.
Votre amitié pourra s'en alarmer d'abord :
Mais l'honneur, le devoir, la pitié l'autorise.

SERVILIUS.

Comment ?

VALÉRIE.

Il faut oser révéler l'entreprise,
Mais ne la révéler qu'après être assurés
Que le sénat pardonne à tous les conjurés.
Garanti par nos soins d'un affreux précipice,
Peut-il d'un moindre prix payer un tel service ?

SERVILIUS.

Qu'entends-je, Valérie? et qui me croyez-vous?

VALÉRIE.

Tel qu'il faut être ici pour le salut de tous.
Je sais à vos amis quel serment vous engage,
Et vois tout l'embarras que votre ame envisage,
Quels noms dans leur colere ils pourront vous donner;
Mais un si vain égard doit-il vous étonner?
Est-ce un crime de rompre un serment téméraire
Qu'a dicté la fureur, que le crime a fait faire?
Un juste repentir n'est-il donc plus permis?
Quoi! pour ne pas rougir devant quelques amis,
Que séduit et qu'entraîne une aveugle furie,
Vous aimez mieux rougir devant votre patrie?
Devant tout l'univers! Pouvez-vous justement
Entre ces deux partis balancer un moment?
De l'un et l'autre ici comprenez mieux la suite.
Si nous ne parlons pas, Rome est par eux détruite.
Si nous osons parler, quel malheur craignons-nous?
Rome entiere est sauvée, et leur pardonne à tous;
Et quand, de ce bienfait consacrant la mémoire,
Elle retentira du bruit de votre gloire,
Parmi tous les honneurs qui vous seront rendus,
Leurs reproches alors seroient-ils entendus?
Enfin retracez-vous l'épouvantable image
De tant de cruautés où votre bras s'engage.
Figurez-vous, seigneur, qu'en ces affreux débris
Des enfants sous le fer vous entendez les cris,
Que les cheveux épars et de larmes trempée,
Une mere sanglante, aux bourreaux échappée,
Vient, vous montrant son fils qu'elle emporte en ses bras,
Se jeter à genoux au devant de vos pas.
Votre fureur alors est-elle suspendue,
Un soldat inhumain l'immole à votre vue;

Et du fils aussitôt, dont il perce le flanc,
Fait rejaillir sur vous le lait avec le sang.
Soutiendrez-vous l'horreur que ce spectacle inspire?

SERVILIUS.

Par les dieux immortels, appuis de cet empire,
Ces mots sont des éclairs, qui, passant dans mon cœur,
Y font un jour affreux qui me remplit d'horreur.
Vaincu par ma pitié... Mais quoi! Rome inhumaine,
Tu devrois ton salut aux objets de ta haine!
Je pourrois d'un ami trahir tous les bienfaits?
Le forcer... Non, mon cœur ne l'osera jamais.

VALÉRIE.

Avez-vous quelque ami plus cher que Valérie?

SERVILIUS.

Non. Votre amour suffit au bonheur de ma vie.
Vous seule remplissez tous les vœux de mon cœur.
Ah! pourquoi, justes dieux! un si charmant bonheur
Ne m'est-il pas donné plus pur et plus paisible?
Quels orages y mêle un destin inflexible!

VALÉRIE.

Et pourquoi donc, seigneur, ne les pas détourner?
Il faut, il faut enfin vous y déterminer.
Vous n'avez rien à craindre; et puisqu'il faut tout dire,
De la foi du sénat j'ai ce que je desire.
Il m'a tout accordé de peur d'être surpris.

SERVILIUS.

O dieux! sans mon aveu qu'avez-vous entrepris?

VALÉRIE.

Je vous avois promis de garder le silence.
Sur vous des conjurés je craignois la vengeance.
Mais enfin ce parti met tout en sûreté.
Sans votre aveu, seigneur, j'ai tout exécuté.
A vous persuader je voyois trop de peine.
C'est moi seule par-là qui m'expose à leur haine;

Et quoiqu'en vous nommant j'aie agi pour tous deux,
Vous me pouvez de tout accuser devant eux.

SERVILIUS.

Qu'avez-vous fait, ô ciel? par quel reproche horrible
S'en va me foudroyer leur colere terrible?
Et que me servira de vous désavouer?
Après qu'ils sont trahis ce seroit les jouer.
Verront-ils pas d'abord que j'ai dû vous apprendre
Le secret que par vous le sénat vient d'entendre?
Et pourront-ils douter d'un concert entre nous?
C'en est fait, Valérie. Evitez leur courroux;
Fuyez ce lieu fatal où va choir la tempête:
Je ne veux à ses coups exposer que ma tête.

VALÉRIE.

Allez; ne craignez rien. Mais on vient vers ces lieux.
D'un témoin défiant il faut craindre les yeux.
Quittons-nous, et gardons de rien faire connoître.

SCENE III.

SERVILIUS.

Dans le trouble où je suis qui vois-je encor paroître?
Seroit-il averti de ce qui s'est passé?
De quel front soutenir son visage offensé?
N'importe, demeurons; et dans un tel orage,
Après notre pitié, montrons notre courage.
Mais dans quelle pensée est-il enseveli?

SCENE IV.

MANLIUS, SERVILIUS.

MANLIUS.

Connois-tu bien la main de Rutile ?

SERVILIUS.

Oui.

MANLIUS.

Tiens, li.

SERVILIUS *lit.*

« Vous avez méprisé ma juste défiance :
« Tout est su par l'endroit que j'avois soupconné.
« C'est par un sénateur de notre intelligence
« Qu'en ce moment l'avis m'en est donné.
« Fuyez chez les Veïens, où notre sort nous guide :
« Mais pour flatter les maux où ce coup nous réduit,
« Trop heureux en partant si la mort du perfide
« De son crime par vous lui déroboit le fruit !

MANLIUS.

Qu'en dis-tu ?

SERVILIUS.

Frappe.

MANLIUS.

Quoi !

SERVILIUS.

Tu dois assez m'entendre.
Frappe, dis-je. Ton bras ne sauroit se méprendre.

MANLIUS.

Que dis-tu, malheureux ? où vas-tu t'égarer ?
Sais-tu bien ce qu'ici tu m'oses déclarer ?

SERVILIUS.

Oui, je sais que tu peux, par un coup légitime,
Percer ce traître cœur que je t'offre en victime ;

Que ma foi démentie a trahi ton dessein.

MANLIUS.

Et je n'enfonce pas un poignard dans ton sein !
Pourquoi faut-il encor que ma main trop timide
Reconnoisse un ami dans les traits d'un perfide ?
Qui ? toi ? tu me trahis ? l'ai-je bien entendu ?

SERVILIUS.

Il est vrai, Manlius. Peut-être je l'ai dû.
Peut-être, plus tranquille aurois-tu lieu de croire
Que sans moi tes desseins auroient flétri ta gloire ?
Mais enfin les raisons qui frappent mon esprit
Ne sont pas des raisons à calmer ton dépit,
Et je compte pour rien que Rome favorable
Me déclare innocent quand tu me crois coupable.
Je viens donc par ta main expier mon forfait.
Frappe. De mon destin je meurs trop satisfait ;
Puisque ma trahison, qui sauve ma patrie,
Te sauve en même temps et l'honneur et la vie.

MANLIUS.

Toi, me sauver la vie ?

SERVILIUS.

Et même à tes amis.
A signer leur pardon le sénat s'est soumis.
Leurs jours sont assurés.

MANLIUS.

Et quel aveu, quel titre,
De leur sort et du mien te rend ici l'arbitre ?
Qui t'a dit que pour moi la vie eût tant d'attraits ?
Que veux-tu que je puisse en faire désormais ?
Pour m'y voir des Romains le mépris et la fable ?
Pour la perdre peut-être en un sort misérable,
Ou dans une querelle, en signalant ma foi,
Pour quelque ami nouveau, perfide comme toi ?
Dieux ! quand de toutes parts ma vive défiance
Jusqu'aux moindres périls portoit ma prévoyance,
Par toi notre dessein devoit être détruit,

Et par l'indigne objet dont l'amour t'a séduit!
Car je n'en doute point, ton crime est son ouvrage,
Lâche, indigne Romain, qui, né pour l'esclavage,
Sauves de fiers tyrans soigneux de t'outrager,
Et trahis des amis qui vouloient te venger!
Quel sera contre moi l'éclat de leur colere?
Je leur ai garanti ta foi ferme et sincere,
J'ai ri de leurs soupçons, j'ai retenu leurs bras
Qui t'alloient prévenir par ton juste trépas.
A leur sage conseil que n'ai-je pu me rendre?
Ton sang valoit alors qu'on daignât le répandre;
Il auroit assuré l'effet de mon dessein:
Mais sans fruit maintenant il souilleroit ma main;
Et trop vil à mes yeux pour laver ton offense,
Je laisse à tes remords le soin de ma vengeance.

SCENE V.

SERVILIUS.

Quelle confusion, à ce reproche affreux!
Quelle stupidité suspend ici mes vœux!
Que résoudre? Il me fuit comme un monstre funeste.
Irai-je lui montrer encor ce qu'il déteste?
O colere trop juste! ô redoutable voix!
Noms affreux, entendus pour la premiere fois!
Moi lâche! moi perfide! et je vivrois encore?
Moi-même autant que lui je me hais, je m'abhorre.
Il m'a contre moi-même inspiré sa fureur.
Allons, ne souffrons pas des noms si pleins d'horreur.
De la nuit du tombeau couvrons-en l'infamie;
Et le cherchant, malgré sa colere affermie,
Forçons-le de douter, en voyant mes efforts,
Qui l'emporte en mon cœur, du crime ou du remords.

SCENE VI.

ALBIN, SERVILIUS.

ALBIN.

Tout est perdu, seigneur, et dans Rome alarmée
De nos projets trahis la nouvelle est semée.
J'en venois à la hâte avertir Manlius;
Mais il n'étoit plus temps. Déja Valérius
Qui, pour plus d'assurance en ce péril extrême,
Des ordres du sénat s'étoit chargé lui-même,
Sans bruit, avec sa suite, entré subitement,
L'avoit fait arrêter dans son appartement,
Et même dans l'instant qu'une noire furie
Avoit armé son bras pour s'arracher la vie.
On lui laisse, seigneur, ce palais pour prison.
Sortant du Capitole, on doit craindre, dit-on,
Que ses amis secrets, armant la populace,
N'accablent son escorte, et n'assurent sa grace.

SERVILIUS.

Juste ciel!

ALBIN.

De son sort je vais suivre le cours.
Vous, sauvez-vous, courez lui chercher du secours:
Je vais l'en avertir.

SERVILIUS.

Allons nous-même apprendre...
Mais Valérius vient.

SCENE VII.

VALÉRIUS, SERVILIUS.

SERVILIUS.

Que me fait-on entendre?
D'où vient que Manlius est par vous arrêté,
Seigneur? Ai-je payé trop peu sa liberté?
Cette grace pour tous n'est-elle pas signée?
Le sénat reprend-il sa parole donnée?

VALÉRIUS.

De ses ordres secrets je ne rends point raison.
Il vous importe peu de les connoître ou non,
Puisque pour vous, seigneur, ils ne sont point à craindre.
Sa bonté ne vous laisse aucun droit de vous plaindre.
Il vous fait grace entiere, et veut que dans l'oubli
Son arrêt contre vous demeure enseveli.
Il vous rend tout, il veut de votre illustre zele
Dans nos fastes garder la mémoire immortelle.
C'est ce que de sa part je viens vous déclarer:
Et pour moi-même aussi, je viens vous assurer
Qu'avec vous renouant une amitié sincere,
Je rends graces aux Dieux, dont le soin salutaire
A fait de votre hymen, contraire à mes desseins,
Le principe secret du salut des Romains.

SERVILIUS.

Et moi, c'est ce qu'ici mon ame désavoue.
Je déteste à jamais ce sénat qui me loue.
Je lui rends ses faveurs qu'il m'accorde à moitié.
Je vous rends à vous-même une vaine amitié.
J'en fais et mon malheur et mon ignominie,
A Manlius trahi s'il en coûte la vie.

Mon dessein n'étoit pas, en trahissant le sien,
Ni de vendre son sang, ni d'épargner le mien.
Pour son propre intérêt j'ai pris ce soin du vôtre;
Et ma pitié vouloit vous sauver l'un et l'autre.
Quoi! de ma trahison, dont le remords me suit,
N'aurois-je que la honte? Auriez-vous tout le fruit?
Perdrois-je tout moi seul, en sauvant tout l'empire?

VALÉRIUS.

Je vous ai déja dit ce que je pouvois dire:
Mais retenez, seigneur, cet injuste transport.
Nous allons au sénat décider de son sort;
Et soit qu'on le condamne, ou bien qu'on lui pardonne,
Croyez-moi, désormais la gloire vous ordonne
De quitter sa querelle, ainsi que ses projets,
Et du bonheur public faire tous vos souhaits.
Le temps me presse. Adieu.

SCENE VIII.

SERVILIUS.

Dans quelle inquiétude
De ce discours obscur me met l'incertitude!
Le sénat voudroit-il... Mais en peux-tu douter?
Sur ce qu'on voit de toi, te doit-on respecter?
Tu trompes tes amis, tes ennemis te trompent,
Et toi-même as rompu les mêmes nœuds qu'ils rompent.
Ainsi donc Manlius m'imputant son trépas,
Je verrois... Mais du moins ne l'abandonnons pas.
Pour défendre ses jours souffrons encor la vie;
Et soit que le succès seconde mon envie,
Soit qu'il trompe mes soins, après son sort réglé

Expirons aussitôt à ma gloire immolé.
Sur-tout dans le tombeau n'emportons pas sa haine,
Et tâchons... Mais voici d'où naît toute ma peine.

SCENE IX.

SERVILIUS, VALÉRIE.

VALÉRIE.

Seigneur, j'ai vu mon pere, et ne puis expliquer
Les bontés qu'en deux mots il m'a fait remarquer.
Mais, pressé par le temps, il m'a soudain laissée,
Pour vous chercher, dit-il, dans la même pensée,
Et sans doute... Ah! seigneur, ne jetez point sur moi
Ces séveres regards qui me glacent d'effroi.
Quel trouble est dans vos yeux? quelle horreur im-
prévue...?

SERVILIUS.

Oses-tu bien encor te montrer à ma vue?
Ne vois-tu pas ici le péril que tu cours?

VALÉRIE.

Quoi donc?

SERVILIUS.

Où m'ont réduit tes funestes discours?
Où Manlius est-il? qu'en as-tu fait, perfide?
Tu trembles vainement du courroux qui me guide.
Avant ta trahison il y falloit songer.
Dans les derniers malheurs tu viens de le plonger.
Arrêté, menacé, comblé d'ignominie,
Son espoir le plus doux est de perdre la vie.
De sa haine à jamais tu m'as rendu l'objet:
Mais enfin, quand je suis entré dans son projet,
De la foi de tous deux je t'ai faite l'ôtage,

Et de sa sûreté ta vie étoit le gage.
Tu l'as trahi ; tes soins pour Rome ont réussi.
Que tarde ma fureur de le venger aussi !

VALÉRIE.

Hé bien ! pourquoi, seigneur, ces transports, ces injures ?
S'il ne faut que mon sang pour calmer ces murmures,
Vous l'ai-je refusé ? n'est-il pas tout à vous ?
Je puis souffrir la mort, mais non votre courroux.
Immolez sans fureur une tendre victime.
Que ce soit seulement un effort magnanime !
En me perçant le cœur, ne me haïssez pas.
Plaignez-le au moins, ce cœur, qui jusques au trépas
Vous aima, ne périt par votre main severe
Que pour avoir sauvé ma patrie et mon pere.

SERVILIUS.

Moi, te percer le cœur ? ah ! rends-moi donc le mien
Tel que je te l'offris, pour mériter le tien,
Fidele à ses serments, généreux, intrépide.
Tu n'en as fait, hélas ! qu'un lâche, qu'un perfide ;
Et quoi que lui conseille un si juste courroux,
Lui-même il est l'asile où tu braves mes coups.
Que dis-je ? en ce moment, les Dieux sur ton visage
Ont imprimé leurs traits, que respecte ma rage ;
Ou des Romains, par toi conservés en ce jour,
Le démon tutélaire est le tien à son tour.
Hé bien, c'est donc à toi qu'il faut que je m'adresse.
Par tout ce que pour toi mon cœur sent de tendresse,
Par tes yeux, par tes pleurs, dont le pouvoir charmant
Sait si bien dérober le crime au châtiment :
En faveur d'un ami montre encor ta puissance ;
Et, tandis que je vais parler en sa défense,
Avant que le sénat ait pu rien arrêter,

A ton pere cruel, va, cours te présenter.
Tombe, pleure à ses pieds. Fais à ce cœur rebelle
Sentir pour nos malheurs une pitié nouvelle.
Que par lui du sénat s'appaise le courroux.
Qu'enfin Manlius vive ; ou nous périrons tous.

FIN DU QUATRIEME ACTE.

ACTE V.

SCENE PREMIERE.

MANLIUS, ALBIN.

ALBIN.

Oui, j'ai tout craint pour vous, seigneur, je le confesse,
Quand j'ai vu le sénat, tenant mal sa promesse,
Se réserver le droit, en pardonnant à tous,
De décider du sort de Rutile et de vous.
Je craignois de vous voir seul, en proie à sa haine,
Pour Rutile échappé, porter toute la peine :
Mais puisque de ce soin moins prompt à se charger,
Il remet aux tribuns le droit de vous juger,
Il fait voir que sur vous ne sachant que résoudre,
N'osant vous condamner, honteux de vous absoudre,
Sa crainte, vous livrant à des juges plus doux,
Doit les encourager à tromper son courroux.
C'est à Servilius que cette grace est dûe :
Car enfin, puisqu'ici vous souhaitez sa vue,
J'ose vous en parler; et loin d'être offensé...

MANLIUS.

O dieux! à le haïr faut-il qu'il m'ait forcé?

ALBIN.

Quoi! parlez-vous encor de haine et de colere,
Après tout ce qu'a fait son repentir sincere?
Vous le voyez. Quel autre osant parler pour vous,

D'un senat tout puissant craint si peu le courroux?
Tandis que tout le peuple effrayé des supplices
Où vos projets connus exposoient vos complices,
Se détachant de vous, croit par cet abandon
Prouver son innocence, ou payer son pardon;
Tandis que tout se tait, jusqu'à vos propres freres,
C'est lui qui, s'opposant aux sénateurs séveres,
A produit à leurs yeux quatre cents citoyens,
De l'horreur des prisons rachetés de vos biens,
Tant d'autres par vos mains sauvés dans les batailles,
Tant d'honneurs remportés en forçant des murailles,
Dix couronnes, le prix de dix combats fameux,
Et votre sang versé cent et cent fois pour eux.
Sur-tout quelle chaleur animoit son courage!
Quelle rougeur subite a couvert leur visage,
Quand, montrant à leurs yeux témoins de vos exploits
Ce mont d'où votre bras foudroya les Gaulois,
De nos dieux, dont alors vous fûtes la défense,
Sa voix sur ces ingrats attestoit la vengeance!

MANLIUS.

Vain remede à mes maux! inutile secours!
Quand son zele et ses soins auroient sauvé mes jours,
Peut-il de mes desseins rétablir l'espérance?
Et puis-je aimer la vie, en perdant ma vengeance?
Toutefois que me sert de cacher à ta foi
Un penchant qui vers lui m'entraine malgré moi?
Oui, je te fais l'aveu de ma honte secrette,
Pour un perfide ami ma haine m'inquiette,
M'embarrasse: et tandis que ferme, indifférent,
Je vois, pour me sauver, tout ce qu'il entreprend,
En dédaignant ses soins, mon cœur y trouve un charme,
Qui, malgré son dépit, le touche et le désarme.
Non qu'enfin de ma gloire aujourd'hui peu jaloux,
Sans rien vouloir de plus j'appaise mon courroux:

Je prétends... Mais il vient. Sors. Albin, et me laiss
A ses regards du moins dérober ma foiblesse.

SCENE II.

MANLIUS, SERVILIUS.

MANLIUS.

Enfin, tu prétends donc, dans mon cœur confonc
Triompher, malgré moi, d'un courroux qui t'est dû.
Je vois ton repentir, animant ton audace,
Opposer mille efforts au sort qui me menace :
Mais, sans que du succès tu puisses t'assurer,
Après m'avoir trahi, c'est me déshonorer.
Il semble à mes tyrans, que, tremblant pour ma vie,
Dans tes soins mendiés c'est moi qui m'humilie.
Ton zele mal conçu m'expose à leurs mépris,
Et de mon amitié tu connois mal le prix.
Si sa perte à ce point t'inquiette et t'afflige,
Tous tes efforts sont vains, sans un prix que j'exige :
Mais tel, qu'il peut lui seul me mieux prouver ta foi
Que tout ce que ton zele osa jamais pour moi.
Pourrois-je cette fois compter sur ton courage ?

SERVILIUS.

De ce doute à tes yeux j'ai mérité l'outrage.
Mais sans vouloir en vain m'expliquer là-dessus,
Ni faire des serments que tu ne croirois plus ;
Si j'ai peu fait encor pour laver cette injure,
Songe bien seulement, après un tel parjure,
Qu'en un cœur généreux, de remords combattu,
La honte de sa chûte affermit sa vertu.

MANLIUS.

Eh bien, écoute donc. Tu sais contre ma vie
Combien est animé le sénat en furie.

Lié par le pardon qu'il t'a signé pour moi,
Il sait et me poursuivre et te garder la foi ;
Il me livre aux tribuns, et de ma mort certaine,
Sur eux, par cette adresse, il rejette la haine.
Dévoués à ses lois, de ma gloire jaloux,
C'est sa main contre moi qui conduira leurs coups.
Ils ne prononceront que ce qu'il leur inspire,
Et le peuple soumis n'osera les dédire.
Enfin, qu'esperes-tu de tes soins pour mes jours ?
Crois-tu que le sénat, séduit par tes discours,
Après ce que deux fois a tenté ma furie,
Soit assez imprudent pour me laisser la vie ?
Non, non, Servilius, mon trépas est certain.
Et quelle honte à moi ! Quelle rage en mon sein,
De voir mes ennemis, au gré de leur caprice,
Disposer de mon sort, et choisir mon supplice !
Verras-tu ton ami terminer à tes yeux
Par une main infame un sort si glorieux ?
Enfin d'un tel trépas l'infamie assurée,
C'est toi, Servilius, qui me l'as procurée.
Je dois de cet affront être sauvé par toi.
Observé, désarmé, je ne puis rien pour moi.
Mes gardes en entrant t'ont désarmé toi-même :
Mais il faut pour tromper leur vigilance extrême...

SERVILIUS.

Je t'entends. Mais on vient.

SCENE III.

MANLIUS, SERVILIUS, ALBIN.

ALBIN.

Un tribun empressé
Vient vous entretenir sur ce qui s'est passé.
Vous l'allez voir, seigneur. Il monte au Capitole.

MANLIUS.

Lorsque tout est connu, que sert ce soin frivole?
Tu vois bien qu'il est temps de prendre ton parti;
Profitons des moments quand il sera parti.
Crois que, sans cet effort, tout l'éclat de ton zele
N'est plus, pour Manlius, qu'une injure nouvelle.

SERVILIUS.

Va, je te servirai, par-delà tes souhaits.

SCENE IV.

SERVILIUS.

Oui, c'en est fait, il faut effacer pour jamais
Le reproche odieux dont ma gloire est flétrie;
Il faut que l'avenir... Mais je vois Valérie:
Armons-nous à ses yeux d'un cœur ferme et constant,
Voici pour mon amour le plus affreux instant.

SCENE V.

VALÉRIE, SERVILIUS.

VALÉRIE.

Je vais voir éclater sur moi votre colere:
Mais la plus prompte mort me sera la plus chere;
Et je viens me livrer à vos justes transports.
Près d'un pere endurci j'ai fait de vains efforts:
Mes pleurs...

SERVILIUS.

Je le savois; mais enfin, Valérie,
De mes ressentiments ne crains plus la furie.
J'ai fléchi Manlius: mon crime étoit le tien;
Et tu dois partager le pardon que j'obtien.

Je rends grace aux efforts que, sur le cœur d'un pere,
Pour sauver cet ami ton zele vient de faire;
Daigne excuser aussi l'éclat de mes fureurs.
Tu le vois, le destin a pouvoir sur les cœurs.
Il sait des plus unis troublant l'intelligence,
Leur faire, quand il veut, sentir leur dépendance.
Mais de tes pleurs, enfin, retiens ici le cours;
D'une ame raffermie écoute mon discours.
Montre un courage ici digne de ta naissance.

VALÉRIE.

Je vous obéirai, s'il est en ma puissance.
Parlez.

SERVILIUS.

Ressouviens-toi de ce malheureux jour
Où la haine des dieux alluma notre amour.

VALÉRIE.

Malheureux! juste ciel!

SERVILIUS.

Quoi! déja ton courage...

VALÉRIE.

Et puis-je avec constance écouter ce langage?
Ainsi ce jour, témoin de ma félicité,
Est un jour malheureux, et par vous détesté!
Que votre amour, seigneur, dans ses transports sinceres,
S'en souvenoit, hélas! sous des noms bien contraires!

SERVILIUS.

Cet amour insensé ne regardoit que soi:
Il ne prévoyoit pas les malheurs que sur toi
Déploîroient les destins, depuis ce jour sinistre,
Et qu'il devoit lui-même en être le ministre;
Qu'il te feroit quitter un sort tranquille, heureux,
Pour attacher tes jours à mon sort rigoureux;
Que par lui, que pour lui, tu te verrois réduite
Aux affronts de l'exil, aux travaux de la fuite,
Et qu'enfin aujourd'hui des transports inhumains,

Contre ton propre sang, exciteroient mes mains.

VALÉRIE.

Ciel! où tend ce discours? pourquoi dans ma pensée
Rappeler vainement cette image effacée?

SERVILIUS.

D'un malheureux ami tu comprends le danger.
Le conseil des tribuns est prêt à le juger.
Je vais, aux yeux de tous, y prendre sa défense:
Mais si l'événement trompe mon espérance,
C'est à toi, Valérie, après tant de travaux,
A perdre, sans regret, l'auteur de tous tes maux.
Adieu.

SCENE VI.

VALÉRIE.

Que me dit-il? quel nouveau coup de foudre!
A quel parti cruel prétend-il me résoudre?
Moi, que je me prépare à le perdre en ce jour,
Quand tout semble assurer son cœur à mon amour.
Et que veut-il enfin? rompre mon hyménée?
Me fuir? ou par ses mains trancher sa destinée?
Que deviendrai-je? ô dieux! quel que soit son dessein,
En vain je le voudrois arracher de son sein.
A mes yeux étonnés, quel calme redoutable
Marquoit sur son visage une ame inébranlable?
Sous un prétexte vain à sortir de ce lieu,
Ne m'auroit-il point dit un éternel adieu?
Ah, ciel! s'il étoit vrai! s'il falloit que mon ame...
Courons m'en éclaircir.

SCENE VII.

VALÉRIE, TULLIE.

VALÉRIE.

Ah! viens, suis-moi.

TULLIE.

Madame,
Des gardes sont ici chargés, par votre époux,
De retenir vos pas, et de veiller sur vous.
C'est l'ordre qu'il donnoit lui-même, en ma présence,
Quand Albin est venu lui dire en diligence
Que son maitre, en partant, souhaitoit lui parler.

VALÉRIE.

O ciel! que m'apprends-tu! que j'ai lieu de trembler!
Sait-on si son arrêt...

TULLIE.

On n'a pu m'en instruire.
Déja l'un des tribuns, chargé de le conduire,
Montant au Capitole, avoit laissé juger
Qu'il ne venoit ici que pour l'interroger.
Il craignoit que du peuple une troupe avertie
Pour sauver Manlius n'attendît sa sortie.
Cependant sur la route on plaçoit des soldats;
Et d'autres sont bientôt arrivés sur ses pas,
Qui sur l'heure, formant une nombreuse escorte,
Conduisent aux tribuns Manlius à main forte.
Servilius d'abord, éperdu, furieux,
Par un départ soudain, se dérobe à mes yeux;
Et sans doute, madame, il court en leur présence
D'un ami hautement embrasser la défense.

VALÉRIE.

En partant de ces lieux, lui-même il me l'a dit:

Mais que deviendra-t-il, si Manlius périt?
Je frémis d'y penser; et cependant captive
J'attendrois... Non, Tullie, il faut que je le suive,
Il faut en ce palais, les flammés à la main,
M'allumer un bûcher, ou m'ouvrir un chemin.
Mais j'apercois Albin : quel est son trouble extrême ?

SCENE VIII.

ALBIN, VALÉRIE, TULLIE.

VALÉRIE.

Albin, où courez-vous?

ALBIN.

Je l'ignore moi-même,
Et dans l'égarement d'un aveugle transport...

VALÉRIE.

Vient-on de condamner Manlius à la mort?
Servilius... Parlez, expliquez-vous sans feinte.
Vous ne me direz rien que ne m'ait dit ma crainte.

ALBIN.

Hélas! je prétendrois, par d'inutiles soins,
Vous cacher un malheur dont tant d'yeux sont té-
moins.
Apprenez, apprenez, par ce récit fidele,
L'effort d'une vertu magnanime et cruelle.
A pas précipités, l'ardent Servilius,
Non loin de ce palais, avoit joint Manlius,
Vers cet endroit fameux, témoin de la victoire
Qui sur le Capitole a fait briller sa gloire,
Et qui voit maintenant, à la face des dieux,
Leur défenseur chargé de fers injurieux.

Votre époux indigné frémit de cet outrage :
Mais le fier Manlius, maître de son visage,
A ceux qui l'escortoient s'adresse en cet instant.
Il leur dit qu'il savoit un secret important;
Que, pour en informer le sénat et l'empire,
A Servilius seul il desiroit le dire.
On s'éloigne d'abord, on n'est point alarmé
De laisser avec lui son ami désarmé.
Moi seul, resté près d'eux, j'entends tout, et j'admire
Ce qu'un ferme courage à Manlius inspire.
« C'en est fait, (disoit-il). et tu n'en doutes pas.
« Mes juges ont signé l'arrêt de mon trépas :
« J'en ai l'avis certain. Si mon malheur te touche,
« Epargne-moi l'affront de l'ouïr de leur bouche,
« Et du poids de mes fers soulageant l'embarras,
« Vers ces bords que tu vois précipite mes pas.
« Laissons à Rome au moins cette tache éternelle,
« De m'avoir vu périr où j'ai vaincu pour elle.
« — Oui, (répond votre époux), c'est par ce juste effort
« Qu'il faut te dérober aux horreurs de ton sort :
« Mais ce n'est pas assez de sauver ta mémoire
« De cet affront cruel que m'impute ta gloire.
« Je veux, en t'imitant, te venger aujourd'hui. »
Sur le bord aussitôt il l'entraîne avec lui.
On s'écrie, on y court. Mais ce soin est frivole.
Tous deux précipités au pied du Capitole,
Ils meurent embrassés, tristes objets d'horreur,
Où l'on voit l'amitié consacrer la fureur.

VALÉRIE.

Eh bien! c'en est donc fait, ô fortune inhumaine!
Et je serois encor le jouet de ta haine?
Mais contre les rigueurs que tu m'as fait prévoir,
J'ai su secrètement armer mon désespoir,
Et je vais malgré toi, par ce coup favorable,

Finir tous tes projets contre une misérable.

(Elle se poignarde.)

TULLIE.

Grands dieux! quelle fureur...

VALÉRIE.

Ne me plains point : je vais
A ce que j'ai perdu me rejoindre à jamais.

FIN DE MANLIUS.

ŒUVRES CHOISIES

DE

DUCHÉ.

4.

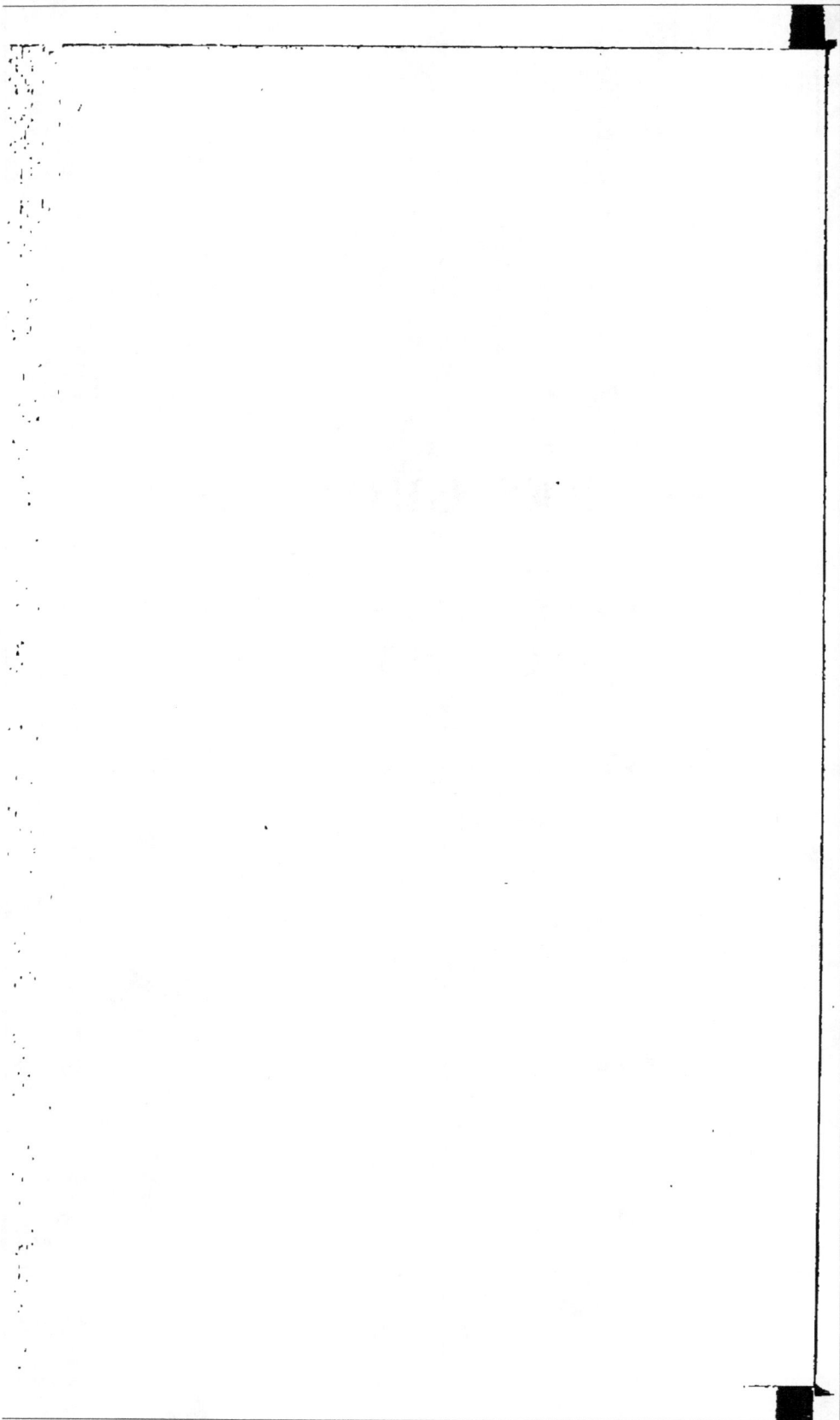

NOTICE

SUR LA VIE ET LES OUVRAGES DE DUCHÉ.

JOSEPH-FRANÇOIS DUCHÉ DE VANCY, né à Paris le 29 octobre 1668, étoit fils d'un gentilhomme ordinaire de la chambre du roi. Une bonne éducation fut tout son héritage, et il ne dut sa fortune qu'à ses talents. Eleve de Pavillon, il cultiva de bonne heure la poésie. Quelques-uns de ses vers étant tombés entre les mains de madame de Maintenon, elle prit intérêt à lui, et le recommanda fortement à M. de Pontchartrain, secrétaire d'état. Ce ministre, croyant Duché un homme considérable, ou plutôt regardant comme tel tout protégé de la favorite, alla lui rendre visite dans son modeste domicile : Duché, qui étoit loin de s'attendre à recevoir chez lui un ministre du roi, imagina d'abord qu'on venoit le prendre pour le conduire à la Bastille. Après la mort de Racine, madame de Maintenon le fit charger par le roi de composer, pour la maison de Saint-Cyr, des pieces tirées de l'Ecriture ; et la pension attachée à cette sorte d'emploi lui fut accordée. Il fit, en assez peu de temps, trois tragédies saintes, Jonathas, Absalon et Débora. Le grand succès qu'avoient obtenu à Saint-Cyr Jonathas et sur-tout Absalon, donna envie à la duchesse de Bourgogne et au duc d'Orléans de les jouer eux-mêmes avec des personnes de leur cour sur le petit théâtre de l'hôtel de Conti à Versailles; et les deux ouvrages n'y réussirent pas moins. Ce ne fut qu'après la mort de l'auteur qu'ils furent représentés sur le théâtre français, à la demande de sa veuve : ils n'eurent pas une égale fortune; la ville confirma, pour Absalon seulement, les applaudissements de Saint-Cyr et de Versailles.

Duché, traitant par état des sujets sacrés, n'avoit pas pour cela renoncé aux compositions profanes. Il fit pour l'opéra Céphale et Procris, Théagene et Cariclée, les Amours de Momus, les Fêtes galantes, Scylla et Iphigénie en Tauride. Ce dernier opéra a été achevé par Danchet. Voltaire l'appelle *le meilleur ouvrage* de Duché : « Il est dans le grand goût, « ajoute-t-il; et, quoique ce ne soit qu'un opéra, il « retrace une grande idée de ce que les tragédies « grecques avoient de meilleur. » Ce jugement, exprimé avec assez de négligence, n'a-t-il pas été aussi porté avec un peu de légèreté? Voltaire semble faire trop d'honneur à l'opéra de Duché, ou plutôt n'en pas faire assez aux tragédies grecques; et, pour ne comparer Duché qu'à lui-même, c'est Absalon sans doute, et non pas Iphigénie, qui est son meilleur ouvrage.

Outre ses tragédies et ses opéra, il est encore auteur d'un recueil d'Histoires édifiantes et de Poésies sacrées, à l'usage de Saint-Cyr, et d'une Traduction en vers des Préceptes de Phocilide. Il pouvoit poursuivre avec quelque gloire sa carriere commencée sous d'assez heureux auspices; mais une mort prématurée l'enleva, le 4 décembre 1704, dans sa trente-septieme année. L'académie des inscriptions et belles-lettres l'avoit admis au nombre de ses membres; Voltaire, dans son Catalogue des écrivains du siecle de Louis XIV, lui donne le titre de valet-de-chambre du roi.

Il étoit lié d'amitié avec J. B. Rousseau, qui lui adressa une Ode sur sa tragédie de Débora, et une Epître pour l'engager à prendre plus de soin de sa santé qui étoit très foible, à en juger par la courte durée de sa vie. Notre lyrique fit aussi sur la mort de Duché un Sonnet qu'on a eu d'autant plus tort de ne pas insérer dans ses œuvres, qu'il y regne une sensibilité vraie dont ses autres écrits portent bien rarement l'empreinte. On raconte que les deux poëtes, doués à un assez haut degré du talent de la déclamation, charmoient leurs sociétés particulieres par l'art avec lequel ils jouoient entre eux des scenes choisies de Moliere. On ajoute que Duché, d'un caractere doux et d'un esprit agréable, faisoit une impression moins vive d'abord que son ami, mais qu'ensuite il plaisoit davantage et plaisoit toujours,

Il adressa des vers à Voltaire, qui lui répondit par ceux-ci :

> Dans tes vers, Duché, je te prie,
> Ne compare point au Messie
> Un pauvre diable comme moi :
> Je n'ai de lui que sa misere,
> Et suis bien éloigné, ma foi,
> D'avoir une vierge pour mere.

Voltaire n'avoit que dix ans lorsque Duché mourut ; mais on sait qu'à cet âge il faisoit déja du bruit dans le monde par la précocité de son talent poétique, et c'est sans doute à cela que Duché faisoit allusion dans ses vers qui ne nous ont pas été conservés.

Duché, successeur de Racine pour la composition des pieces de Saint-Cyr, étoit de l'école de ce grand maître, dont il a imité la maniere autant que pouvoit le lui permettre la nature de son talent, plus porté à l'élévation et même à la force des pensées, qu'à l'élégance et à la grace du style. Auteur seulement de trois tragédies saintes dont le succès fut, durant sa vie, renfermé, pour ainsi dire, dans l'enceinte de la maison de Saint-Cyr et des appartements de madame de Maintenon, il laissa une réputation beaucoup moins étendue, beaucoup moins populaire que Campistron, autre disciple de Racine qui, pendant long-temps, remplit la scene et occupa le public de ses productions plus heureuses que recommandables. Mais, au jugement des connoisseurs, la seule tragédie d'Absalon met Duché au-dessus de l'auteur d'Andronic et de Tiridate.

Cette tragédie n'est pourtant pas exempte de défauts, et même elle en a d'assez graves. La reine, femme de David, et Thamar, fille d'Absalon, sont des personnages entièrement inutiles. Les incidents sont quelquefois un peu trop multipliés. Absalon passe bien promptement du crime au repentir, et plus promptement encore du repentir à la rechûte : la haine forcenée et implacable qu'il porte à Joab, loin d'avoir des motifs bien réels, n'a pas même assez de ces motifs imaginaires qui en tiennent lieu aux ames passionnées. David, plus pere que roi, s'occupe beaucoup des sentiments de son fils, et trop peu du salut de son armée. Enfin, le cinquieme acte est d'une foiblesse que la médiocrité des détails laisse entièrement à découvert. Ces défauts véritables sont plus que balancés par des beautés non moins réelles. Dans les quatre premiers actes, l'action est habilement conduite; l'intérêt y croît de scene en scene. Le rôle de Tharès, femme d'Absalon, est de ceux qui suffisent pour faire la fortune d'un ouvrage. Confidente des projets coupables de son époux, elle engage, elle détermine David, qui les ignore, à faire un serment solennel, irrévocable, qui dévoue à la mort la plus terrible les femmes et les enfants de tous ceux qui, avant la fin du jour, seront reconnus les auteurs ou les complices de la révolte dont on est menacé; et la premiere, elle se remet en ôtage entre les mains de Joab, ennemi déclaré de tous les ennemis de son roi. Toute cette scene est profondément dramatique. Il en est une autre d'une beauté différente, mais égale peut-être, celle de l'entrevue, où David, réduit à traiter avec un fils rebelle comme avec le chef d'une armée ennemie, force Absalon au silence et bientôt au repentir par ses discours où se mêlent, d'une maniere si noble et si touchante, la dignité d'un monarque qui ressent vivement son injure, et la tendresse d'un pere qui a besoin de la pardonner. Des négligences, même des fautes de langue et de versification, déparent un peu cet estimable ouvrage; mais le style a les qualités essentielles; les mouvements en sont justes, le ton en est ferme, précis, et toujours naturel.

La Harpe a dit : « Débora et Jonathas ne valent « rien du tout. » Cet arrêt n'est que trop juste pour Débora : Jonathas en méritoit un moins dur, moins absolu. Il s'en faut que cet ouvrage soit de la force d'Absalon ; mais les beautés touchantes de situation, de pensée et de style, qui y sont répandues, prouvent qu'il n'a manqué cette fois à l'auteur qu'un sujet plus heureux, pour faire une tragédie égale en mérite à celle qui est l'unique fondement de sa réputation.

ABSALON,

TRAGÉDIE EN CINQ ACTES,

TIRÉE DE L'ÉCRITURE SAINTE.

1712.

PRÉFACE.

Je crois qu'il est inutile de parler ici du sujet de cette tragédie. L'histoire d'Absalon est connue de tout le monde ; on sait l'homicide qu'il commit en la personne de son frere Amnon, les artifices dont il se servit pour rentrer en grace auprès de David, ce qu'il fit dans la suite pour séduire les Israélites, enfin sa révolte, la guerre qu'il déclara à son pere, et quel genre de mort fut le fruit et le prix de sa rebellion.

Je ne m'arrêterai donc qu'à répondre aux objections que l'on me pourroit faire sur les libertés que j'ai cru pouvoir me donner en traitant ce sujet.

Telle est celle que je prends d'adoucir le caractere d'Absalon. Toutes ses actions nous le représentent non seulement comme un jeune prince ambitieux que le desir de régner entraîne, et qui se porte aveuglément à des excès auxquels la violence de sa passion pourroit peut-être donner quelque excuse, si nos passions nous pouvoient excuser ; mais ces mêmes actions nous le font voir comme un homme qui marche dans la voie de l'iniquité avec réflexion, qui, connoissant toute l'atrocité de son entreprise, la conduit avec une prudence criminelle, qui joint l'artifice à l'audace, et qui, s'étant accoutumé longtemps à regarder le crime sans horreur, s'est enfin acquis la funeste facilité de le commettre sans remords.

Un caractere si odieux ne pouvoit être celui du héros d'une tragédie. J'ai pensé de le déguiser, et de tourner toute l'indignation des spectateurs contre Achitophel, qui d'ailleurs l'auroit suffisamment méritée. J'ai fait faire à Absalon les mêmes choses que l'Histoire sacrée nous rapporte qu'il fit; mais je les lui ai fait faire, séduit par ce ministre, et quelquefois même n'ayant aucune part dans les desseins à la réussite desquels il sert. Cela a rendu mon héros tel, à ce que je crois, qu'il doit être; son ambition le rend assez criminel pour mériter la mort, mais il ne l'est point assez pour ne pas inspirer quelque regret quand on le voit mourir: ainsi en excitant la pitié, il jette dans le cœur cette crainte salutaire qui nous fait appréhender que de pareilles foiblesses ne nous jettent dans d'aussi grands malheurs. Tel est le but de la tragédie; elle doit plaire, mais en même temps elle doit instruire, et son principal objet est de purger les passions.

L'Ecriture sainte m'a fourni presque tous mes autres caracteres. Tels sont ceux de David, de Joab, d'Achitophel, de Cisaï. C'est à mes lecteurs à juger si je les ai rendus bien ou mal.

Pour le personnage de Tharès, on ne le trouvera point dans le texte sacré; il est entièrement de mon invention, et il a assez contribué au succès de cet ouvrage pour me flatter que les jugements du public ne me feront point repentir de l'avoir imaginé. Je ne l'ai pas placé néanmoins sans quelque fondement. L'Histoire sainte laisse penser qu'Absalon avoit une femme dans le temps de sa révolte, et elle marque qu'il avoit alors une fille parfaitement belle, nommée Thamar. Cette princesse ne doit pas être confondue avec l'autre Thamar qui fut violée par Amnon. Rien ne nous apprend quelle fut la destinée de cette derniere : mais nous savons que celle qui fut fille d'Absalon épousa dans la suite Roboam fils de Salomon, qui après la mort de son pere ne régna que sur les deux tribus de Juda et de Benjamin.

L'endroit où je me suis le plus écarté de la vérité, est celui où je ramene Absalon mourant. Il n'y a personne qui ne sache que Joab le perça de trois dards à l'arbre où il étoit demeuré suspendu ; que ce fut là que ce prince mourut, et qu'ensuite il fut jeté dans une fosse très profonde, que les soldats comblerent de pierres qu'ils éleverent en forme de tombeau.

Je sais le respect que l'on doit aux livres sacrés ; les moindres faits qui y sont contenus ne peuvent être altérés sans crime. Saint Paul, et les PP. de l'Eglise après lui, ont regardé ces faits comme des figures mystérieuses, et des événements prophétiques qui annonçoient ce qui devoit arriver à Jésus-Christ et à son Eglise. Aussi avois-je résolu de ne m'écarter en aucune façon de l'histoire. On auroit appris la mort d'Absalon par un simple récit, et j'avois résisté à la tentation de mettre sur le théâtre une scene qui ne me paroissoit pas devoir être la moins pathétique de ma piece. Cependant je consultai mes doutes à des personnes qui par leur piété, leur capacité, et le rang qu'elles tiennent dans l'église, pouvoient non seulement m'autoriser dans cet ouvrage, mais qui seroient en droit de le faire dans un ouvrage qui traiteroit des matieres de foi. J'eus le plaisir de voir mes scrupules levés, et l'on ne trouva point de raisons qui dussent m'empêcher de traiter ma derniere scene comme on verra que je l'ai traitée à la fin.

Voilà les objections principales que l'on me pourroit faire. On y en pourroit ajouter beaucoup d'autres, auxquelles je ne puis répondre d'avance, ne pouvant les prévoir. Il y a peu d'ouvrages qui ne fournissent de justes matieres à la critique : le plus parfait est ordinairement celui dans lequel il se trouve le moins de fautes; et de quelques applaudissements que j'aie été honoré, je ne suis point encore assez vain pour croire que le mien puisse être mis au nombre des moins défectueux.

ACTEURS.

DAVID, roi d'Israël.

MAACHA, femme de David.

ABSALON, fils de David.

THARÈS, femme d'Absalon.

THAMAR, fille d'Absalon.

JOAB, général des armées de David.

ACHITOPHEL, }
CISAI ou CHUSAI, } ministres de David.

ZAMRI, confident d'Achitophel.

UN ISRAÉLITE.

GARDES.

La scene est près des murs de la ville de Manhaïm, dans la tente de David.

ABSALON,

TRAGÉDIE.

ACTE PREMIER.

SCENE PREMIERE.

ABSALON, ACHITOPHEL.

ACHITOPHEL.

A quel excès, ô ciel! osez-vous vous porter?
Vous vous perdez, seigneur; est-il temps d'éclater?
A ces ardents transports défendez de paroître.

ABSALON.

Non, non, Achitophel, je n'en suis plus le maître;
Le perfide Joab, fier de plaire à son roi,
Sans respect pour mon rang, s'ose attaquer à moi;
Il cherche, en irritant le courroux qui m'enflamme,
A me faire trahir le secret de mon ame,
Et répand dans ce camp que les séditieux
N'ont appris que par moi notre abord en ces lieux.
Ah! j'atteste du ciel l'immortelle puissance,
Qu'Absalon, punissant un sujet qui l'offense,
N'en aura pas été vainement outragé.

ACHITOPHEL.

Avant la fin du jour vous en serez vengé:
Modérez cependant cette haine éclatante.

ABSALON.

Je l'ai trop ménagé, son insolence augmente :
Adonias mon frere appuyant ses projets,
Ils ont cru m'abaisser au rang de leurs sujets :
Toi-même ouvrant mes yeux sur leur intelligence,
J'ai vu que, près du roi ménageant leur vengeance,
Et chassant de David tout amour paternel,
Je perdois pour jamais le sceptre d'Israël.
Le roi pour successeur alloit nommer mon frere;
Et comment retenir une juste colere?
Moi, je pourrois souffrir qu'un frere audacieux
Ravît, ou partageât la couronne à mes yeux?
Ah! si, vengeant ma sœur des fureurs d'un perfide,
J'ai pu rougir mon bras d'un fameux homicide ;
Si ce même Joab, pour avoir retardé
De se rendre à l'endroit où je l'avois mandé,
Vit le fer et le feu, conduits par ma vengeance,
De ses fertiles champs moissonner l'espérance,
Crois-tu que les projets par ma haine enfantés
Gardent un prix plus doux à ses témérités?

ACHITOPHEL.

Suspendez donc, seigneur, l'ardeur qui vous anime :
Jusqu'au pied de l'autel conduisons la victime;
Dans mes justes desseins aussi hardi qu'heureux
J'ai fait à la révolte animer les Hebreux;
Accablés, gémissant sous des tyrans avides,
Leur timide fureur n'attendoit que d s guides :
Amasa de ma part a servi leur courroux,
Ou plutôt Amasa les a séduits pour vous.
Tout nous a réussi; leur armée intrépide
N'a point trouvé d'obstacle à sa course rapide :
Retracez-vous encor cette nuit dont l'horreur
Jusqu'au sein de David a porté la terreur;
Lorsque Jérusalem ouvrant toutes ses portes,
Et des séditieux appuyant les cohortes
L'a forcé, sans secours d'armes ni de soldats,

De porter jusqu'ici sa frayeur et ses pas.

ABSALON.

Que n'éclatai-je alors ! nous n'avions rien à craindre;
Dans le sang de Joab ma rage alloit s'éteindre :
Car enfin sa valeur, il le faut avouer,
A contraint de tout temps l'envie à le louer.
Il peut faire entre nous balancer la fortune;
Et j'aurois prévenu cette crainte importune.
A suivre ici David devois-tu me forcer?

ACHITOPHEL.

La tribu d'Ephraïm nous pouvoit traverser;
J'ignore même encor si, sous nos lois rangée,
Dans la sédition elle s'est engagée.
Zamri dans un moment va nous en informer;
Rien après ce succès ne nous doit alarmer.
Paroissez, j'y consens, loin que l'on nous soupçonne,
Votre pere en ces lieux à ma foi s'abandonne;
Ainsi sans hasarder... Mais le roi vient à nous.
Joab le suit, cachez un dangereux courroux.

ABSALON.

Ah! sortons; ma fureur ne pourroit se contraindre.

SCENE II.

DAVID, ABSALON, ACHITOPHEL, JOAB,
GARDES.

DAVID.

Demeurez, Absalon; j'ai sujet de me plaindre.
Vous savez que Joab est chéri de son roi;
Cependant...

ABSALON.

Quoi! seigneur, en s'attaquant à moi,
Un sujet...

DAVID.

Retenez un courroux qui me blesse.

Qu'Achitophel demeure.

(aux gardes.)

Et vous, que l'on nous laisse.

(Les gardes se retirent, et David continue.)

Le ciel semble sur nous épuiser ses rigueurs :
Quel temps avez-vous pris pour désunir vos cœurs ?
L'insolent Amasa, comblant ses perfidies,
Leve sur moi ses mains par ma fuite enhardies :
Après avoir séduit mes plus braves sujets,
J'ai vu Jérusalem appuyer ses projets :
J'ai vu même Sion, monument de ma gloire,
Théâtre criminel d'une affreuse victoire,
Me chasser de son sein, et de mon ennemi
Justifier l'orgueil par ma honte affermi.
Quel jour! je m'apprêtois, plein d'honneur et d'années,
A fixer de mes fils les hautes destinées,
Lorsque d'ingrats sujets, comblés de mes bontés,
M'ont puni de l'excès de mes félicités.
Je l'avoue à vos yeux, en proie à mes alarmes,
Mes malheurs m'ont vaincu, j'ai répandu des larmes :
Enfin par des chemins impratiqués, obscurs,
Nous sommes arrivés à l'abri de ces murs.
Mais en vain Manhaïm nous présente un asile,
Amasa va bientôt nous le rendre inutile.
J'apprends que chaque jour les rebelles Hébreux
Grossissent à l'envi ses bataillons nombreux.
Enivré du succès, il approche, il s'avance,
Il veut dans notre sang consommer son offense ;
Et si nous ne songeons à prévenir ses coups,
Avant la fin du jour il va fondre sur nous.
Peut-être même, hélas! ses troupes criminelles
Ont déja de mon sang rougi leurs mains cruelles :
Peut-être dans Hébron mon fils Adonias
A-t-il trouvé la mort, qui marche sur nos pas.

Que dis-je? un trouble affreux redouble encor ma peine,
Il a fallu laisser votre épouse et la reine.
Le zélé Cisaï s'est chargé de leur sort :
Mais qui sait s'il a pu les soustraire à la mort;
Si pour venir nous joindre il peut fuir avec elles?
Ah ! loin de m'affliger par d'injustes querelles,
Prêts à nous voir tomber dans les mains des vainqueurs,
Pour vous, pour votre roi réunissez vos cœurs.
Puisqu'il nous reste encore un rayon d'espérance,
Du sage Achitophel consultons la prudence,
Et qu'une noble ardeur sache nous réunir
Pour attendre un rebelle, ou pour le prévenir.

ABSALON.

Je l'avoûrai, seigneur, mon aveugle colere
A trop flatté l'orgueil d'un sujet téméraire.
J'ai dû le mépriser ou le faire punir :
Mais quel autre après tout eût pu se contenir?
L'insolent... car en vain je me force au silence,
M'accuse d'abuser de votre confiance :
Par moi, s'il en est cru, vos rebelles sujets
Ont dû de notre fuite apprendre les projets.
Mon indiscrétion, source de nos disgraces,
Les a jusqu'au Jourdain amenés sur nos traces :
Il veut de nos malheurs m'imputer la moitié,
Lui qu'avec Amasa joint le sang, l'amitié,
Et qui, s'il faut chercher ici des infideles,
Doit être plus suspect qu'aucun de nos rebelles.

JOAB.

Moi suspect; juste ciel ! qu'ose-t-on avancer?
Non, le prince, seigneur, ne sauroit le penser.
Je ne me lave point d'une injure cruelle ;
C'est à ceux de qui l'ame et lâche et criminelle
A ces honteux excès se pourroit oublier,

D'emprunter des raisons pour se justifier.
Informé qu'Amasa, par un avis sincere,
Avoit de nos desseins dévoilé le mystere,
J'ai dit qu'un confident, ou traître ou peu discret,
Peut-être avoit du prince appris notre secret :
Voilà quel est mon crime, et le seul trait d'audace
Qui puisse d'Absalon m'attirer la disgrace.
Un plus juste sujet demande son courroux,
N'en doutez point, seigneur, un traître est parmi nous.
C'est peu qu'on ait appris nos démarches passées,
Le perfide Amasa lit même en nos pensées;
Du pontife Sadoc le sage et digne fils
M'éclaire chaque jour par de secrets avis;
Un billet qu'en mes mains il a su faire rendre
M'apprend que l'ennemi veut ici nous surprendre;
Qu'il sait qu'aux Gétéens nous avons eu recours;
Que demain sous ces murs l'on attend leur secours;
Que, voulant m'opposer à des troupes rebelles,
J'ai proposé sans fruit d'aller fondre sur elles;
Qu'Achitophel alors contraire à mes avis
A lui seul empêché qu'ils n'aient été suivis.

DAVID.

Ainsi le sort cruel trompe ma prévoyance.
Mais sur qui doit tomber ma juste défiance?
Quel barbare en ces lieux pour me perdre est caché,
Et peut voir mes malheurs sans en être touché?

JOAB.

Ne perdons point de temps, songeons, quel qu'il puisse être,
A prévenir ses coups plutôt qu'à le connoître.
Vous savez quel courage anime vos soldats,
Ils braveront la mort en marchant sur vos pas.
Venez, et du Jourdain franchissant les rivages,
Au rebelle Amasa fermons-en les passages;
Je joindrai le perfide, et lui perçant le flanc,

Je laverai la honte imprimée à mon sang.
En vain tout Israël s'arme pour un rebelle,
Le nombre ne doit point ralentir notre zele.
Des méchants dans le crime engagés lâchement
Combattent avec crainte, et vainquent rarement.
La solide valeur n'admet point l'injustice.
Ce sont des criminels qui craindront le supplice.
Vous les verrez tremblants tomber à vos genoux;
Et déja les remords ont combattu pour nous.
Au reste pour un fils ne prenez point d'alarmes.
Je sais qu'Adonias est déja sous les armes;
De nos malheurs pressants instruit par mon secours,
Tout Juda s'est armé pour conserver ses jours :
Mais de ce côté seul la tempête menace,
Il faut à ses éclats opposer notre audace :
Et j'ose présumer que ce dessein hardi
Sera d'Achitophel justement applaudi.

ACHITOPHEL.

Oui, seigneur, de Joab j'admire le vrai zele :
Jamais dans vos états un sujet plus fidele
Ne vous a mieux prouvé son courage et sa foi,
Et n'a mieux mérité l'estime de son roi.
Le projet qu'à présent sa valeur lui suggere
Peut devenir heureux pourvu qu'on le differe :
Demain les Gétéens unis à vos soldats
Contre les révoltés marcheront sur nos pas.
Nous pourrons, plus nombreux, tenter le sort des armes.
Cepenadut pour la reine appaisez vos alarmes :
Zamri nous doit bientôt instruire de son sort,
Et je ne puis penser que, livrée à la mort...

DAVID.

Eh! que n'entreprend point la rage d'un perfide,
Qui porte sur son roi sa fureur homicide?
Toutefois dissipons d'inutiles erreurs.
Veuille le ciel plus doux écarter tant d'horreurs!

Toujours à vos discours sa sagesse préside,
Et je crois que par vous c'est elle qui me guide.
Je suivrai vos conseils. L'excès de ma douleur
Ne m'ôte point l'espoir de vaincre mon malheur.
Le Dieu qui tant de fois conduisit mon armée,
Aux campagnes d'Ammon, dans les champs d'Idumée,
Maître et juste vengeur des droits des souverains,
Ne mettra point mon sceptre en de rebelles mains:
Du regne de David sa parole est le gage.
Allons de mes soldats affermir le courage.
Vous combattrez, mon fils, auprès de votre roi,
Joab continuera de commander sous moi:
Je dois ce foible honneur à son zele sincere;
N'ayez plus contre lui ni haine, ni colere.
Je me rends le garant de tous ses sentiments,
Daignez donc l'honorer de vos embrassements.
(à Achitophel.)
Et vous, dès qu'en ce camp Zamri pourra se rendre,
Conduisez-le, je veux lui parler et l'entendre.

SCENE III.

ABSALON, ACHITOPHEL.

ACHITOPHEL.

Je le vois bien, seigneur, il faut nous découvrir.

ABSALON.

Quel supplice cruel mon cœur vient de souffrir!
Que cet embrassement a redoublé ma haine!

ACHITOPHEL.

Rendez votre vengeance égale à votre peine,
Voici l'heureux instant où tout doit éclater,
Il faut partir... Eh quoi! qui vous peut arrêter?
Tantôt avec Joab ne pouvant vous contraindre,

Votre juste fureur ne voyoit rien à craindre.

ABSALON.

Ah! ce n'est point Joab qui suspend mon courroux:
Cependant...

ACHITOPHEL.

Achevez, ciel! je frémis pour vous.
La victoire a suivi le parti de vos armes:
Mais quel sujet affreux de douleurs et d'alarmes,
Si la foudre en vos mains, prête à vous obéir,
Alloit en vains éclats se perdre et vous trahir?
Que dis-je? nous avons trop grossi le nuage,
Pour pouvoir en éclairs voir dissiper l'orage:
Adonias est roi, vous êtes immolé,
Si l'un de nos secrets est enfin révélé.
J'avoûrai que, frappé d'une importune idée,
Ma vertu quelquefois se trouve intimidée:
Mais mon zele pour vous étouffe mes remords,
Et dans les grands périls il faut de grands efforts.
Rassurez donc, seigneur, votre ame trop craintive

ABSALON.

J'ai conduit tes projets, il faut que je les suive;
Mais prêt à voir mon bras s'armer contre mon roi,
Dois-je avoir moins de crainte et de vertu que toi?
Ecoute, et juge donc des troubles de mon ame.
Tu sais contre Joab quelle rage m'enflamme:
Mon cœur incessamment dans sa haine affermi
N'admet point de pardon pour un tel ennemi.
Mais en vain ma fureur soutient mon entreprise,
La raison même en vain l'anime et l'autorise,
Prêt à me montrer chef de la rebellion,
Je sens fléchir ma haine et mon ambition.
Mes justes déplaisirs, mes craintes légitimes,
A l'aspect de mon roi me paroissent des crimes.
J'ai beau me rappeler que devant son trépas
Mes desseins ne sont point d'envahir ses états:
Que jusqu'à ce moment, content de mon partage,

Je ne veux que punir un sujet qui m'outrage,
Et me faire nommer l'unique successeur
Du trône dont mon pere est juste possesseur :
Vains détours ! je ne puis me cacher à moi-même
A quoi doit m'obliger le sang, le diadème :
En proie à des remords sans cesse renaissants,
Je fais pour les chasser des efforts impuissants :
Et, pour comble des maux où mon malheur me livre,
Je ne puis sans horreur reculer ni poursuivre.

ACHITOPHEL.

A des scrupules vains faut-il vous arrêter ?
Seigneur, fuyez un lieu propre à les irriter.
Au milieu des soldats que vous allez conduire,
Libre des préjugés qui viennent vous séduire,
Vous verrez qu'appuyé sur d'équitables lois,
Vous pourrez vous armer pour soutenir vos droits.
Partez donc, et chassez une crainte frivole.
Le moment le plus cher comme un autre s'envole.
Dès qu'auprès de ce camp paroîtront vos soldats,
J'irai vous consacrer mes conseils et mon bras.
Ma fuite jusque-là découvriroit la vôtre,
Et peut-être sans fruit nous perdroit l'un et l'autre :
Cependant attendons pour sortir de ces lieux
Que Zamri de retour... Mais il s'offre à nos yeux.

SCENE IV.

ABSALON, ACHITOPHEL, ZAMRI.

ABSALON.

Eh bien ! en quel état as-tu laissé l'armée ?

ZAMRI.

Seigneur, d'un zele ardent on la voit animée :
La tribu d'Ephraïm vient de se joindre à nous :
Pour passer le Jourdain on n'attend plus que vous.

Cependant un spectacle ici va vous surprendre :
Cisaï dans ce camp vient enfin de se rendre ;
Il conduit à David un renfort de soldats ;
La reine votre mere accompagne ses pas ;
Et la jeune Thamar, fruit de votre hyménée,
Est avec votre épouse en ces lieux amenée.

ABSALON.

Quel fatal contre-temps vient troubler nos desseins !

ACHITOPHEL.

Non, seigneur, votre sort est toujours dans vos mains ;
Cachez-leur nos secrets avec un soin fidele,
Et laissez gouverner tout le reste à mon zele.
Commencez par remplir un trop juste devoir ;
La reine vient ; partez, allez la recevoir.
Quelque obstacle nouveau que le ciel fasse naître,
De votre prompt départ je vous rendrai le maître :
Je réponds du succès, reposez-vous sur moi.

ABSALON.

Eh bien ! prépare tout, je m'abandonne à toi.

SCENE V.

ACHITOPHEL, ZAMRI.

ACHITOPHEL.

Nous sommes seuls, prends part à ma secrette joie ;
Enfin mes ennemis vont devenir ma proie.
Joab, Abiatar, Aduram, Cisaï,
Le superbe Sadoc, le fier Abisaï,
Tous ceux qui, réunis par leur haine commune,
Prétendent sur ma chûte élever leur fortune,
Avant la fin du jour surpris, enveloppés,
Me rendront par leur mort tous mes droits usurpés.

ZAMRI.

Quoi ! vous croyez, seigneur, qu'étonné de l'orage,

David voudra livrer...

ACHITOPHEL.

Je connois ton courage,
Je sais quel est ton zele et ta fidélité;
J'en ai besoin : apprends ce que j'ai projeté.
Dès qu'en ces lieux la nuit sera prête à descendre,
Les troupes d'Amasa doivent ici se rendre;
Et, le signal donné des murs de Manhaïm,
Séba doit soulever les soldats d'Ephraïm.
La garde de David, victime de leur rage,
Laissera par sa perte un champ libre au carnage.
Là mes yeux, de plaisir et de haine enivrés,
Du sang de mes rivaux seront désaltérés;
Toute vaine pitié nous doit être interdite.
Pour le roi, nous devons faciliter sa fuite:
Mais à son désespoir s'il se livre aujourd'hui,
Ses malheurs et sa mort retomberont sur lui.
Que te dirai-je? enfin, nos troupes fortunées
D'un succès glorieux vont être couronnées;
Et, servant Absalon au-delà de ses vœux,
Je vais mettre en ses mains le sceptre des Hébreux.

ZAMRI.

Mais ne craignez-vous point que plein de sa surprise
Absalon ne condamne une telle entreprise?
Verra-t-il sans horreur son pere détrôné?

ACHITOPHEL.

Absalon se verra triomphant, couronné,
Vengé d'un ennemi soigneux de lui déplaire;
Et dussent tous mes soins attirer sa colere,
Un trône acquis ainsi le doit épouvanter,
Et qui le lui donna le lui pourroit ôter.
D'ailleurs quoi qu'en ce jour ma fureur exécute,
Il aura beau s'en plaindre, il faut qu'il se l'impute.
Attentif à nourrir ses inclinations,
J'ai fait à mes desseins servir ses passions.
Par là mes attentats deviennent son ouvrage:

Mais ta frayeur ici me forme un vain orage.
Allons, et ménageons des instants précieux.
La reine, je l'avoue, ici blesse mes yeux.
Faisons partir le prince, et tâchons par adresse
A faire de ces lieux éloigner la princesse.
Pressons donc leur départ. Cependant viens au roi
Par un récit trompeur imposer à sa foi;
Et le moment d'après, va, cours en diligence
Hâter le doux instant marqué pour ma vengeance.

ZAMRI.

Mais, seigneur, que dirai-je? et que lui rapporter?

ACHITOPHEL.

Viens, ton récit est prêt, je vais te le dicter.

FIN DU PREMIER ACTE.

ACTE II.

SCENE PREMIERE.

ABSALON, THARÈS, THAMAR.

THARÈS.

Non, vous vous obstinez vainement à vous taire;
Ce silence renferme un funeste mystere.
Quoi! loin de vous offrir à nos embrassements,
Vous semblez à regret voir nos empressements!
Quel trouble dans vos yeux, quelle tristesse empreinte
Frappe et glace mon cœur de douleur et de crainte?
Hélas! depuis le jour qu'un peuple audacieux
Vous contraignit à fuir ses complots furieux,
Stupides de frayeur, de honte consternées,
Interdites, sans voix, aux pleurs abandonnées,
Le ciel seul sait combien j'ai tremblé pour vos jours.
Enfin de nos ennuis interrompant le cours,
Cisaï, secondé de guerriers intrépides,
S'offre à venir ici guider nos pas timides:
Nous partons, et livrée à l'espoir le plus doux,
Mes desirs emportoient mon ame jusqu'à vous.
Je respirois par-tout le moment plein de charmes
Où votre vue alloit me payer de mes larmes.
Vain espoir! quand la reine arrivant dans ces lieux,
Voit la joie et l'amour briller dans tous les yeux,
Quand le roi semble même oublier sa disgrace,

Vous seul en m'abordant, interdit, tout de glace,
Semblez me présager de plus affreux malheurs
Que ceux à qui mes yeux ont donné tant de pleurs.

ABSALON.

N'imputez point, Tharès, à mon peu de tendresse
Ce que dans mes regards vous voyez de tristesse :
Mille soins différents, mille importants projets
Suspendent de mon cœur les mouvements secrets ;
Ma gloire me défend de m'en laisser surprendre.

THAMAR.

Eh ! mon pere, daignez un moment les entendre.
Pouvez-vous me laisser dans le trouble où je suis ?
Nous venons près de vous partager nos ennuis.
Quels que soient les périls qu'en ces lieux j'envisage,
Seigneur, votre froideur me touche davantage :
Laissez tomber sur nous un regard plus serein.

ABSALON.

Ma fille, vous cherchez à vous troubler en vain ;
Pour Tharès et pour vous mon cœur toujours le même
Ressent vos déplaisirs, les partage, et vous aime :
Mais cet amour a beau me flatter en secret,
Je ne puis sous ces murs vous voir qu'avec regret.
Entourés d'ennemis, leur fureur menaçante
A jusque dans ce camp répandu l'épouvante :
L'effroi, l'horreur, la mort, bientôt sous ces remparts
Vont au gré du destin errer de toutes parts.
Est-il temps que mon cœur se livre à sa tendresse ?

THARÈS.

Eh bien ! viens-je exiger de vous quelque foiblesse ?
Viens-je rendre, seigneur, par des soupirs honteux
Entre la gloire et moi le triomphe douteux ?
Je formerois en vain cette indigne espérance,
Mes pleurs sur votre cœur ont perdu leur puissance :
Mais non, mes sentiments, toujours dignes de vous,
Ne feront point rougir le front de mon époux.
Courez où le devoir et l'honneur vous appelle :

Mais daignez soulager ma tristesse mortelle;
Ne me déguisez plus quels secrets déplaisirs
A votre cœur pressé dérobent des soupirs :
Car enfin, quel que soit le danger qui vous presse,
Quoi que puisse pour nous craindre votre tendresse,
Vous avez dû, seigneur, content de ce grand jour,
Nous voir avec transport venir dans un séjour
Où de moindres périls menacent notre tête,
Qu'aux lieux où nos vainqueurs n'ont rien qui les
arrête.
D'autres motifs cachés causent votre embarras.

ABSALON.

Oui, j'ai d'autres motifs, je ne m'en défends pas,
Vous ne pouvez savoir les maux dont je soupire.

THARÈS.

Je ne puis les savoir ! et vous me l'osez dire !
Ainsi nos cœurs n'ont plus les mêmes intérêts?
Eh bien! seigneur, il faut respecter vos secrets.
Pour la premiere fois, insensible à mes plaintes,
Votre cœur m'a celé ses desirs et ses craintes.
Je n'en murmure point : mais que jusqu'à ce jour
Il n'ait montré pour moi ni froideur, ni détour;
Que par mille douceurs il m'ait accoutumée
Au plaisir innocent d'aimer et d'être aimée;
Que ce cœur jusqu'ici n'ait rien pu me cacher,
C'est ce que ma douleur ose vous reprocher.

ABSALON.

Le temps seul peut vous faire approuver ma conduite;
Sans me blâmer, Tharès, attendez-en la suite;
Mais faites plus encore, et croyez mon amour :
Partez, abandonnez un funeste séjour.
Absalon à regret toutes deux vous renvoie :
Mais fuyez; que Sion dans ses murs vous revoie;
Zamri dans un moment y doit guider vos pas,
Le sage Achitophel lui fournit des soldats.

Recevez un adieu qui m'arrache à moi-même.
Allez.

THARÈS.

Que je m'éloigne ainsi de ce que j'aime !
Que ma fuite honteuse aille justifier
Ce que vos ennemis ont osé publier !

ABSALON.

Quoi ! que voulez-vous dire? et qu'ont-ils fait entendre?

THARÈS.

Ignorez-vous les bruits qu'ils viennent de répandre?
C'est vous, si l'on en croit leurs traits calomnieux,
Qui soufflez la révolte à nos séditieux.

ABSALON.

Moi !

THARÈS.

Ces honteux discours sont venus à la reine ;
Objet infortuné de son injuste haine,
Elle m'a reproché que d'un sang étranger,
Parente de Saül, je voulois le venger ;
Et que, s'il se pouvoit que vous fussiez coupable,
J'avois de vous séduire été seule capable :
Mais je puis dissiper ces doutes insultants.
Votre gloire, seigneur, a gémi trop long-temps.
Qu'on prépare à Zamri les plus cruels supplices :
De la rebellion il connoît les complices ;
Il en est : que le roi le force à déclarer...

ABSALON.

Et sur quel fondement pouvez-vous l'assurer?

THARÈS.

Le jour qui précéda celui de notre fuite,
J'errois dans ce palais sans dessein et sans suite :
Un inconnu m'aborde, et les larmes aux yeux :
« Zamri vient, me dit-il, d'arriver en ces lieux ;
« Si le ciel vous permet de rejoindre mon maître,

« Dites-lui qu'il s'assure au plutôt de ce traître :
« Il saura des Hébreux le complot criminel ;
« Enfin qu'il craigne tout, et même Achitophel. »

ABSALON, à part.

Juste ciel !

THARÈS.

A ces mots, voyant quelqu'un paroître,
Il me quitte, et je cherche en vain à le connoître.
Voilà ce qu'à David je prétends révéler ;
Les tourments forceront un perfide à parler.
Allons, et que le traître au milieu...

ABSALON.

Non, madame,
Renfermez pour jamais ce secret dans votre ame.
J'ai mes raisons.

THARÈS.

Qui ! moi ! qu'osez-vous m'ordonner ?
Vos desseins, vos discours, tout me fait frissonner.
Malheureux ! est-il vrai ?... Mais, seigneur, je me trouble :
Calmez, au nom du ciel, ma crainte qui redouble.
Si vous m'aimez, seigneur, dissipez mon effroi :
Je partirai ; daignez vous confier à moi.

ABSALON.

Je le vois bien, il faut vous ouvrir ma pensée ;
Peut-être en l'apprenant en serez-vous blessée.
Quoi qu'il en soit, le sort en est enfin jeté,
Et rien ne changera ce que j'ai projeté.
Sans crainte dans ces lieux je puis me faire entendre ;
Ma fille, laissez-nous.

THARÈS.

Ciel ! que va-t-il m'apprendre ?

SCENE II.

ABSALON, THARÈS.

ABSALON.

Madame, vous savez par quels motifs secrets
Joab d'Adonias soutient les intérêts;
Que sa haine pour moi ne peut plus se contraindre:
La mienne trop long-temps s'est bornée à se plaindre;
Trop long-temps, du devoir esclave malheureux,
J'ai connu, j'ai souffert ses complots dangereux.
De vils flatteurs, régnant sur l'esprit de mon pere,
Faisoient pencher son cœur du côté de mon frere;
Il alloit, oubliant tout amour paternel,
Me chasser pour jamais du trône d'Israël;
Le perfide Joab emportoit la balance;
Achitophel enfin a rompu le silence;
J'ai connu mon malheur; mes amis offensés
Ont pris...

THARÈS.

Ah! je vois tout, seigneur, c'en est assez;
Epargnez-vous l'horreur de me dire le reste.
O de mes noirs soupçons source affreuse et funeste!
Et vous avez conçu cet horrible dessein!
Rien ne peut, dites-vous, l'ôter de votre sein?
Ah! dussiez-vous, pour prix de mon amour fidele,
Vouer à votre épouse une haine immortelle,
J'opposerai du moins mes larmes, mes soupirs,
Au coupable succès où tendent vos desirs.

ABSALON.

Vous vous formez, madame, une trop noire idée
Des soins dont vous voyez mon ame possédée.
Je ne veux point ravir le sceptre de mon roi,
Mais m'assurer un bien qui doit n'être qu'à moi.

THARÈS.

Et croyez-vous, seigneur, pouvoir vous rendre maître
Des troubles criminels que vous avez fait naître?
Achitophel en vous n'a cherché qu'un appui :
Vous êtes son prétexte, il n'agit que pour lui.
De cet embrasement que ne dois-je point craindre?
Vous l'avez allumé, vous ne pourrez l'éteindre.
Mais non, repentez-vous; il en est encor temps,
Hâtez-vous, saisissez de précieux instants.

ABSALON.

Que j'abandonne ainsi l'espoir d'une couronne
Que le sang, que mes droits, qu'un peuple entier me donne!
Que Joab voie, au gré de son dépit jaloux,
Sa haine triompher de mon juste courroux!

THARÈS.

Non, il ne vous hait point; l'envie et l'imposture
Vous ont fait de son cœur une fausse peinture :
Mais dût-il, contre vous conjuré pour jamais,
Braver votre pouvoir, traverser vos souhaits,
Dussiez-vous, moins chéri d'un pere qui vous aime,
Renoncer sans retour à sceptre, à diadême,
Quels maux, quelles horreurs pouvez-vous comparer
Aux malheurs où ce jour est prêt à vous livrer?
Je veux que tout succede au gré de votre envie :
Quelle honte à jamais va noircir votre vie!
Que n'osera-t-on point contre vous publier?
Le trône a-t-il des droits pour vous justifier?
Vous chercherez vous-même en vain à vous séduire,
Vous verrez quels chemins ont su vous y conduire!
La vertu, le devoir, devenus vos bourreaux,
Au fond de votre cœur porteront leurs flambeaux;
La crainte et les remords vous suivront sur le trône.
Eh quoi! pour être heureux faut-il une couronne?
Est-ce un affront pour vous de ne la point porter?
Vos vertus seulement doivent la mériter.

N'allez point, pour jouir d'une indigne vengeance,
Flétrir tant d'heureux jours coulés dans l'innocence.
Applaudi, révéré, chacun vous fait la cour;
Vous êtes d'Israël et la gloire et l'amour;
Pour remplir vos desirs tout s'unit, tout conspire,
Conservez sur les cœurs ce doux et noble empire.
Enfin, si votre épouse a sur vous du pouvoir,
Si mes humbles soupirs vous peuvent émouvoir,
Souffrez que la raison puisse au moins vous conduire;
Et croyez qu'au moment que je cherche à détruire
Le funeste complot que vous avez formé,
Jamais mon tendre cœur ne vous a plus aimé.

ABSALON.

Oui, Tharès, je connois quelle est votre tendresse;
Je vois qu'en me parlant elle seule vous presse;
La mienne a pris pour vous trop de soin d'éclater,
Vous la connoissez trop pour en pouvoir douter.
Si dans ce grand sujet comprise, intéressée,
Du moindre des périls vous étiez menacée,
Sans me faire parler vos pleurs ni vos soupirs,
Je vous immolerois ma haine et mes desirs:
Mais souffrez que j'achève une entreprise heureuse;
La crainte maintenant est seule dangereuse.
Dussé-je voir enfin mon dessein avorté,
Je vous l'ai déja dit, le sort en est jeté.
Au reste, qu'un secret d'une telle importance
Demeure anéanti dans un profond silence.

THARÈS.

Ne craignez rien, seigneur, le plus rude trépas
A mes regards offert ne m'ébranleroit pas:
Mais, quand vous poursuivez cette affreuse entre-
prise,
A suivre ma fureur le devoir m'autorise,
Et ma mort...

ABSALON.

Quel discours! et qu'osez-vous penser?

THARÈS.

Non, seigneur, mon destin ne se peut balancer :
Je ne vous verrai point engagé dans le crime :
Le ciel ici m'inspire un projet magnanime.
Vous quitterez, seigneur, un dessein odieux,
Ou vous verrez Tharès immolée à vos yeux.

ABSALON.

Ah! si vous vous portez à cette violence...

THARÈS.

Contraignez-vous, seigneur; la reine ici s'avance.

SCENE III.

LA REINE, ABSALON, THARÈS.

LA REINE.

Qu'ai-je entendu, mon fils? quels bruits injurieux
La calomnie enfante et répand dans ces lieux!
On veut que des mutins vous flattiez l'insolence.
Près d'un pere alarmé j'ai pris votre défense.
Quoiqu'au sang de Saül votre étroite union
Vous fasse soupçonner d'un peu d'ambition,
Je connois vos vertus, mon cœur vous croit fidele,
Et dans un fils si cher ne peut voir un rebelle.

THARÈS.

Madame, si Saül m'a donné la clarté,
De sa haine pour vous je n'ai point hérité :
Ce sang dont j'ai toujours soutenu la noblesse
Ignore ce que c'est que crime et que bassesse :
Mais avant qu'il soit peu vous me connoîtrez mieux.
Madame, je me tais, le roi s'offre à mes yeux.

SCENE IV.

DAVID, LA REINE, THARÈS, ABSALON, CISAI.

DAVID.

Je vous cherche, Absalon. Notre péril augmente.
Nos insolents vainqueurs préviennent notre attente
Zamri m'avoit flatté que, lents à s'avancer,
Au-delà du Jourdain ils craignoient de passer.
Il s'est trompé, leur nombre a redoublé leur rage,
Ils viennent achever leur sacrilége ouvrage.
Mais, loin d'être saisis d'une indigne terreur,
Apprêtons-nous, mon fils, à punir leur fureur:
Nous combattrons au nom du maître de la terre,
Du Dieu qui devant lui fait marcher le tonnerre,
Pour qui tous les mortels qu'embrasse l'univers
Sont comme la poussiere éparse dans les airs.
Je ne vous dirai point, et mon cœur ne peut croire
Ce que l'on a semé pour ternir votre gloire.
Amasa veut ravir le sceptre de son roi:
Mais que mon propre fils soit armé contre moi!

ABSALON.

Que ne puis-je, seigneur, aux dépens de ma vie,
De mes persécuteurs confondre ici l'envie?

DAVID.

Que peuvent-ils, mon fils, quand mon cœur vous défend?
Je méprise un vain bruit que le peuple répand.

THARÈS.

Et moi je crois, seigneur, ne devoir point vous taire
Que ces bruits sont peut-être un avis salutaire.
Je sais, je vois quel est le cœur de mon époux:
Mais sait-on s'il n'est point de traître parmi nous?

Sait-on si dans ce camp quelque secret coupable
N'a point, pour se cacher, divulgué cette fable?
M'en croirez-vous, seigneur? qu'un serment solennel
Fasse trembler ici quiconque est criminel.
Le ciel, votre péril, ma gloire intéressée,
De ce juste projet m'inspirent la pensée.
Attestez l'Eternel qu'avant la fin du jour,
Si des traîtres cachés, par un juste retour,
N'obtiennent le pardon accordé pour leurs crimes,
Leurs femmes, leurs enfants en seront les victimes;
Que dans le même instant qu'ils seront découverts,
Leurs parents dévoués à cent tourments divers,
Déchirés par le fer, au feu livrés en proie,
Payeront tous les maux que le ciel vous envoie.

ABSALON, à part.

Juste Dieu! que fait-elle!

CISAÏ, à David.

Oui, l'on n'en peut douter,
Seigneur, quelque perfide est tout prêt d'éclater:
On vous trahit, je sais par des avis fideles
Que vos desseins secrets sont connus des rebelles.

DAVID.

Suivons ce qu'à Tharès le ciel daigne inspirer.
Par ses sages conseils je me sens éclairer.
Peut-être par un vœu terrible, irrévocable,
Pourrai je à son devoir rappeler le coupable.
Oui, madame, fondé sur la loi, l'équité,
Je me lie au serment que vous avez dicté:
Puisse sur moi le Dieu que l'univers révere
Verser tous les malheurs que répand sa colere,
Si pour les criminels démentant vos discours,
Mon injuste pitié leur offre aucun secours!

THARÈS.

Achevez donc, seigneur, Joab vous est fidele.
Ennemi d'Absalon, et pour vous plein de zele,
Lui seul me paroît propre à remplir mes desseins;

Souffrez que je me mette en ôtage en ses mains.

ABSALON, à part.

Ciel !

DAVID, à Tharès.

Vous !

THARÈS.

Il faut, seigneur, que mon exemple étonne,
Et montre qu'il n'est point de pardon pour personne.

DAVID.

Votre vertu suffit pour répondre de vous :
Accompagnez la Reine, et suivez votre époux.

THARÈS.

Non, seigneur, souscrivez à ce que je desire,
Ma gloire le demande, et le ciel me l'inspire :
Accordez cette grace à mes desirs pressants.

DAVID.

Puisque vous le voulez, madame, j'y consens.
Toi qui du haut des cieux à nos conseils présides,
Qui confonds d'un regard les complots des perfides,
Dieu juste ! venge-moi, punis mes ennemis :
Souviens-toi du bonheur à ma race promis.
Si quelque traître ici se cache pour me nuire,
Leve-toi ; que ton bras s'arme pour le détruire ;
Que, se livrant lui-même à son funeste sort,
Ce jour puisse éclairer ma vengeance et sa mort !
Venez, mon fils : le ciel, que notre malheur touche,
Accomplira les vœux qu'il a mis dans ma bouche.
Joab marche guidé par le Dieu des combats.

THARÈS.

Seigneur, ma fille et moi nous marchons sur vos pas ;
Et, Joab arrivé, nous allons l'une et l'autre
Remplir auprès de lui mon dessein et le vôtre.

SCENE V.

ABSALON.

Quel coup de foudre, ô ciel! mes sens sont interdits :
Qu'ai-je ouï! quel désordre agite mes esprits.
Troublé, je vois déja sur ma tête amassées
Les malédictions par mon roi prononcées.
Quelle horreur me saisit! quel serment a-t-il fait!
O de mon fol orgueil funeste et juste effet!
De combien de remords je sens mon ame atteinte!
Cherchons Achitophel, qu'il dissipe ma crainte.
Ah! que j'éprouve bien en ce fatal moment
Que le crime avec soi porte son châtiment.

FIN DU SECOND ACTE.

ACTE III.

SCENE PREMIERE.

ACHITOPHEL, ZAMRI.

ACHITOPHEL.

Je sais tout; Absalon dans ce lieu va se rendre:
Mais du camp ennemi n'as-tu rien à m'apprendre?

ZAMRI.

Seigneur, tantôt à peine ai-je quitté le roi
Que j'ai couru remplir votre ordre et mon emploi.
Les troupes d'Amasa, sans obstacle avancées,
Sont autour de ce camp par ordre dispersées.
Le dessein d'Absalon, son nom seul répandu,
Produit l'heureux effet qu'on avoit attendu;
Pour régner et pour vaincre il n'a plus qu'à paroître,
L'armée à haute voix l'a proclamé pour maître.
Tous nos soldats, charmés d'apprendre qu'aujourd'hui
Leurs bras, déja vainqueurs, vont combattre pour lui,
Brûlent de signaler leur zele et leur courage.

ACHITOPHEL.

C'est assez, il ne peut reculer davantage;
Ses projets divulgués le forcent d'éclater.
Que n'ai-je su plutôt le résoudre à quitter!
Son ame avec Tharès ne se fût point trahie;
Tharès pour l'arrêter n'eût point risqué sa vie.

J'ai prévu ce malheur, je n'ai pu le parer ;
Que sert-il de s'en plaindre? il faut le réparer.
Séba doit d'Absalon renouveler l'audace,
Et dérober Tharès au coup qui la menace :
Mais la nuit survenant, tout dût-il expirer,
La conjuration ne se peut différer.
Point de lâche pitié, point de délai funeste;
La mort, ou le succès, voilà ce qui nous reste.
Mais ne me dis-tu rien de la part d'Amasa ?

ZAMRI.

Il vouloit me parler au sujet de Séba :
Je crois même pour vous que traçant une lettre,
Dans mes fidelles mains il alloit la remettre,
Lorsqu'un bruit tout-à-coup dans l'armée a couru,
Que hors de notre camp Joab avoit paru :
Amasa m'a quitté, mais je crois qu'il envoie...

ACHITOPHEL.

Ah! qu'il se garde bien de prendre une autre voie,
On te connoît, pour toi les chemins sont ouverts.
Retourne; nous serions peut-être découverts.
Dis-lui que c'est assez que son bras nous seconde,
Que, dès que le soleil sera caché dans l'onde,
Le sang doit en ces lieux commencer à couler;
Que Séba doit pour nous alors se signaler ;
Qu'à nos cris éclatants tous ses soldats répondent,
Et bientôt furieux parmi nous se confondent :
Que de tout par toi seul je veux être éclairci.
Va, dis-je ; Absalon vient, laisse-nous seuls ici.

SCENE II.

ABSALON, ACHITOPHEL.

ACHITOPHEL.

Je vous attends, seigneur ; Séba vous a pu dire
Quel remede à vos maux notre ardeur nous inspire :

D'un embarras fatal par nos soins dégagé...

ABSALON.

Non, Achitophel, non, mes desseins ont changé :
Le devoir sur mon cœur a repris son empire.
Faites dire à vos chefs que chacun se retire ;
J'obtiendrai leur pardon ; mais sur-tout qu'aux soldats
On cache quel motif avoit armé leurs bras ;
D'un si grand changement qu'ils ignorent la cause.

ACHITOPHEL.

Je le vois bien, l'amour de votre cœur dispose.
Séba n'a pu vous voir : mais n'appréhendez rien,
J'ai pour sauver Tharès un prompt et sûr moyen.

ABSALON.

Non, vous dis-je, mon cœur ici ne considere
Que ce qu'il doit au ciel, à l'état, à mon pere :
De mille affreux malheurs je veux rompre le cours.

ACHITOPHEL.

O ciel! pouvez-vous bien me tenir ce discours?
A de lâches frayeurs votre cœur s'abandonne?

ABSALON.

Obéissez; songez qu'Absalon vous l'ordonne,
Ou voyez les périls qu'ici vous hasardez.

ACHITOPHEL.

Eh bien! il faut vouloir ce que vous commandez.
Notre sang est à vous, vous voulez le répandre ;
Car enfin c'est à quoi nous devons nous attendre.
David sait trop bien l'art de régir ses états,
Pour oser pardonner de pareils attentats ;
L'exil, les fers, la mort, vont être le partage
De ceux qu'à nous servir un même zele engage.
Pour prix de tant de soins, percés de mille coups,
Leur sang au Dieu vengeur va crier contre vous.
Je sais comme l'on peut, arbitre de sa vie,
D'une honteuse mort prévenir l'infamie :
Je ne vous parle point de mon sort malheureux.

Daigne le ciel, touché du dernier de mes vœux,
Empêcher que Joab, par un lâche artifice,
De vos soumissions bientôt ne vous punisse!
Que, privé de l'appui que vous trouvez en nous,
Il n'échauffe du roi les sentiments jaloux:
Que vous-même captif, proscrit par sa colere,
Vous ne voyez vos droits passer à votre frere,
Et vos jours consacrés par un arrêt cruel
A servir de leçon aux peuples d'Israël!

ABSALON.

Mais pour sauver Tharès quel moyen peux-tu
prendre?
D'un trépas odieux la pourras-tu défendre?
Que peux-tu?...

ACHITOPHEL.

Je puis tout, secondez-moi, seigneur;
Pourquoi détruisez-vous votre propre bonheur?
Séba, tout Ephraïm gagné par mon adresse,
Vont au prémier signal enlever la princesse,
La remettre en vos mains, et se joindre avec nous:
Venez, faites revivre un trop juste courroux.
Montrez-vous soutenu d'une nombreuse armée;
Là, n'appréhendant plus pour une épouse aimée,
Vous perdrez qui vous hait, vous soutiendrez vos
droits,
Et, loin de supplier, vous donnerez des lois.
Vous flattez-vous, ô ciel! qu'on puisse à votre pere
Faire de vos complots un éternel mystere?
Qu'aucun des conjurés mourant pour Absalon
Dans l'horreur des tourments n'avoûra votre nom?
D'ailleurs, comment chasser nos troupes rassemblées,
Sous un autre prétexte en ces lieux appelées?
Ah! seigneur, songez mieux quels sont vos intérêts:
Ma vie est le garant de celle de Tharès.
Elle vient.

ABSALON.

Que mon ame est troublée et flottante !
Nous résoudrons de tout : va te rendre en ma tente.

SCENE III.

ABSALON, THARÈS.

THARÈS.

Je viens ici, seigneur, le cœur saisi d'effroi,
Tout le camp ennemi vous proclame pour roi.
David vient à mes yeux d'apprendre cette audace ;
A ses justes soupçons sa tendresse a fait place ;
Par son ordre secret on va vous arrêter,
L'implacable Joab le doit exécuter.
Un garde en ma faveur a rompu le silence.
De ce premier transport fuyez la violence ;
Epargnez-moi l'horreur de n'être dans ces lieux
Que pour vous voir peut-être immoler à mes yeux.

ABSALON.

Mon pere sait mon crime ! ô fatale journée !
Qu'avez-vous fait ? hélas ! princesse infortunée,
Victime d'un courroux que j'ai seul mérité,
Le roi va vous punir de ma témérité :
Un horrible serment vous proscrit, et le lie.

THARÈS.

Fuyez, ne songez plus à prolonger ma vie.
Puisque sur votre cœur mes soupirs n'ont rien pu,
Qu'ai-je affaire du jour ? J'ai déja trop vécu.
Mais que dis-je ? chassez cette fatale idée ;
Partez, seigneur, calmez mon ame intimidée :
Le ciel à l'innocence enverra du secours,
Et votre repentir pourra sauver vos jours.

ABSALON.

Non, non, qu'un même sort aujourd'hui nous rassemble.
Ne nous séparons point : venez, fuyons ensemble.

THARÈS.

Eh le puis-je, seigneur? prisonniere en ces lieux,
Ce camp pour m'observer, ces murs même ont des yeux :
Je vous perdrois. Allez; et si mon sort vous touche,
Suivez ce que le ciel vous dicte par ma bouche.
Livrez Achitophel : désarmez vos soldats;
Contre eux, s'il le falloit, employez votre bras :
A force de vertus méritez votre grace;
Par-là dans tous les cœurs réparez votre audace.
A quelque excès, seigneur, que l'on soit arrivé,
Qui se repent d'un crime en est presque lavé :
D'ailleurs...

ABSALON.

Non, ma fureur me montre une autre voie.
De nos fiers ennemis nous serions tous la proie.
Le perfide Joab, implacable pour moi,
Avide de ma mort l'obtiendroit de mon roi :
Il faut qu'en expirant sa rage soit trompée.
Mon indigne frayeur est enfin dissipée.
En vain en vous perdant il croira me braver;
J'ai des amis ici prêts à vous enlever :
Si, lents à vous servir et remplir ma vengeance,
Leur zele répond mal à mon impatience,
Je viens, sans m'effrayer des plus noirs attentats,
Demander mon épouse avec cent mille bras.

THARÈS.

Ah! la vie à ce prix pour moi n'a point de charmes;
Mais chaque instant pour vous redouble mes alarmes.
Qu'entends-je? On vient, fuyez.

ABSALON.

Je cours vous secourir.

THARÈS.

Ah! quittez ce dessein, et me laissez mourir.

SCENE IV.

THARÈS, UN ISRAÉLITE.

L'ISRAÉLITE.

Mon abord indiscret a droit de vous surprendre,
Madame; mais le prince ici devoit se rendre;
Je le cherche.

THARÈS.

Et pourquoi venez-vous le chercher?
Son péril vous engage à ne me rien cacher :
Sans doute c'est à lui que, portant cette lettre...

L'ISRAÉLITE.

Oui, madame, Séba vient de me la remettre.

THARÈS.

Donnez.

L'ISRAÉLITE.

J'aurois voulu...

THARÈS.

Donnez, ne craignez rien;
Même intérêt unit et son sort et le mien.
(Elle lit bas, et continue à part.)
Juste ciel!
(à l'Israélite.)
C'est assez : rejoignez votre maître;
Allez, éloignez-vous, je vois le roi paroître.

SCENE V.

DAVID, LA REINE, THARES.

DAVID, à la Reine.

Vous aimez trop un fils digne de mon courroux.

LA REINE.

Non, seigneur, il n'a point conspiré contre vous
Le mensonge insolent, la lâche calomnie,
D'un souffle empoisonné veulent ternir sa vie.

DAVID.

Je veux douter encor qu'il m'ait manqué de foi.
Achitophel ici va l'entendre avec moi :
Ce sage confident, dans mon état funeste,
De tant d'amis zélés est le seul qui me reste.
Lui seul.....

SCENE VI.

DAVID, LA REINE, THARÈS, JOAB.

JOAB.

Il faut, seigneur, vous armer de vertu.
Tout autre sous ses maux gémiroit abattu :
L'auteur de la révolte enfin s'est fait connoître;
Des soupçons qu'en votreame on a tantôt fait naître,
Celui qui, contre vous, arme tant d'ennemis...

DAVID.

Ciel ! m'auroit-on donné de fideles avis?
Le coupable, en effet, seroit-il....

JOAB.

Votre fils.

DAVID.

Il est donc vrai?

THARÈS, à part.

Grand Dieu! quelle honte m'accable !

LA REINE.

Non, Joab, votre cœur s'alarme d'une fable,
D'un bruit par l'imposture et la haine enfanté.

JOAB.

Ce que j'ose avancer a plus d'autorité.
Madame, Absalon vient de joindre les rebelles :
Ceux qui l'ont vu partir sont des sujets fideles,
Vaillants, et qui cent fois ont bravé le trépas,
Tels que les imposteurs en un mot ne sont pas.
Mais vous pourrez, seigneur, en savoir davantage ;
Un soldat ennemi surpris dans un passage,
Et dont Cisaï cherche à tirer le secret,
Du camp des révoltés apportoit ce billet.

DAVID.

Voyons.

(il lit.)

« Ne craignez point un changement funeste,
« Que tous vos conjurés se reposent sur moi.
« Vos rivaux périront, Absalon sera roi :
« Donnez-nous le signal, je vous réponds du reste. »
Enfin donc mes soupçons se trouvent éclaircis.
C'est toi qui veut ma mort, Absalon! toi, mon fils!
C'est sur mon sang que doit éclater ma vengeance.
Mais quel traître avec lui seroit d'intelligence?
Quel perfide?....

JOAB.

Seigneur, voulez-vous m'écouter?
Entendons ce soldat que l'on vient d'arrêter.
Cependant de Séba vous connoissez le zele ;
Confiez votre sort à ce sujet fidele.
Tantôt, lui faisant part de mon secret effroi,
Il a brigué l'honneur de veiller sur son roi ;
Qu'Ephraïm avec lui compose votre garde.
Juste ciel ! à quels maux votre choix vous hasarde !

Ceux qui suivent vos pas sont connus presque tous
Pour avoir autrefois combattu contre vous,
Quand, pour vous écarter de la grandeur suprême,
Saül osoit vouloir l'emporter sur Dieu-même.

LA REINE.

Oui, seigneur, ses amis, le reste de son sang
Ne peut qu'avec regret vous voir dans ce haut rang;
Ce sang audacieux, nous trompant l'un et l'autre,
Par l'hymen d'Absalon a corrompu le vôtre;
Par là, n'en doutez point, nous sommes tous trahis.
C'est ce sang, c'est Saül qui m'enleve mon fils.
(à Tharès.)
Vous vous taisez, perfide; et, loin de vous défendre,
Vous osez feindre encor de ne me pas entendre,
Vous qui de votre époux conduisez le dessein,
Vous qui seule avez mis la révolte en son sein.
D'une fausse grandeur à nos yeux revêtue,
Vous avez su tantôt nous éblouir la vue:
Vous ne prévoyiez pas qu'une affreuse clarté
Dût de vos noirs complots percer l'obscurité;
Ou peut-être qu'encore un espoir téméraire
Vous flatte qu'au trépas on viendra vous soustraire:
Mais je prétends moi-même en hâter les moments.
Oui, seigneur, remplissez ma haine et vos serments;
Qu'aux yeux de tout le camp on la livre au supplice.

THARÈS.

Madame, je sais trop qu'il faut que je périsse:
Mais si pour moi la vie avoit quelques attraits,
Si le soin de ma gloire et de vos intérêts,
Que dis-je? si vos jours, mon devoir, la patrie,
Ne m'étoient pas d'un prix préférable à la vie,
Je vivrois malgré vous, et mille bras offerts
Viendroient même à vos yeux m'arracher de vos fers.

DAVID.

Quoi! madame.....

THARÈS.

Seigneur, ce péril vous regarde;
Le soin que prend Joab de changer votre garde
Va de vos ennemis assurer les forfaits :
Lisez, et de Séba reconnoissez les traits.

DAVID *prend la lettre, et lit.*

« Le temps me force à vous écrire,
« A vous entretenir je n'ose m'exposer.
« Pour vous assurer cet empire,
« Les soldats d'Ephraïm sont prêts à tout oser.
« Le sort menace en vain votre auguste famille,
« Rien ne traversera vos vœux et nos desseins ;
« Et dans une heure au plus je remets en vos mains
« Et votre épouse et votre fille.

JOAB.

Le perfide! Ah! je cours moi-même l'arrêter.

DAVID.

Non, ce projet sans bruit se doit exécuter.
(à un garde.)
Dites à Cisaï qu'il vienne en diligence.

THARÈS.

Vous savez tout, seigneur, prenez votre vengeance ;
Epuisez sur moi seule un trop juste courroux ;
Cependant j'ose ici parler pour mon époux.
Il est moins criminel qu'il ne vous paroît l'être,
Et si contre vos jours la rage anime un traître,
Autant que je puis lire en d'odieux secrets,
C'est plus Achitophel qu'Absalon ni Tharès.
(elle sort.)

DAVID.

Quel nouveau trouble, ô ciel ! elle jette en mon ame !
C'est plus Achitophel....
(à la reine.)
Ah! suivez-la, madame,

Parlez, priez, pressez; et par moins de rigueur
Tâchez de pénétrer le secret de son cœur.

LA REINE.

Moi, seigneur?

DAVID.

Il le faut, faites-vous violence.
Je vais vous joindre, allez; quelqu'un ici s'avance.

SCENE VII.

DAVID, JOAB, CISAI.

CISAÏ.

Seigneur, les conjurés sont enfin découverts.
Le soldat qu'on a pris étoit à peine aux fers,
Que, sa fierté cédant à la peur des supplices,
Il a d'un noir projet révélé les complices.
La nuit favorisant leurs complots furieux,
Ils devoient recevoir l'ennemi dans ces lieux.
Le traître Achitophel conduisoit l'artifice.

DAVID.

Ah! qu'entends-je? Courez, Joab; qu'on le saisisse.

CISAÏ.

Sa fuite au châtiment a dérobé ses jours,
Il a joint Absalon par de secrets détours:
Séba même, s'armant de fureur et de rage,
Vient le fer à la main de s'ouvrir un passage.
Les soldats d'Éphraïm, lui prêtant son appui,
Assurent sa retraite, et marchent après lui.
Ils désertent en foule, et le camp des rebelles
De moment en moment prend des forces nouvelles;
Déja même Amasa semble marcher vers nous.
Rien ne peut sous ces murs nous sauver de leurs coups.

JOAB.

Rien ne peut nous sauver? ô ciel! qu'osez-vous dire?
Tant que David commande, et que Joab respire,
Un honteux désespoir ne voûs est point permis,
Et doit n'être connu que de nos ennemis.
Seigneur, il faut domter en cette conjoncture
Ces vulgaires instincts de pitié, de nature:
Par d'affreux châtiments étonnons des ingrats.
Marchons, mais que Tharès accompagne mes pas:
Que tous ceux que le sang unit à des perfides
Soient remis en mes mains sous de fideles guides.
Allons, et présentons à nos séditieux
L'épouse d'Absalon immolée à leurs yeux.
Faisons faire du reste un horrible carnage:
Quoi qu'après des mutins puisse tenter la rage,
Ils en auront déja reçu le digne fruit,
Et vous serez vengé du sort qui vous poursuit.

DAVID.

Non, Joab, suspendons un arrêt sanguinaire:
La vertu de Tharès vaut bien qu'on le differe.
Un roi, quoi qu'un sujet ait fait pour l'outrager,
Doit savoir le punir, mais non pas se venger:
Périssons sans souiller mon rang ni ma mémoire;
Et, s'il faut succomber, succombons avec gloire.
Cependant dans ce camp, entouré d'ennemis,
L'espoir de nous garder ne nous est plus permis:
Les murs de Manhaim peuvent seuls nous défendre;
Entrons-y, l'ennemi ne peut nous y surprendre:
Et bientôt, secourus par des guerriers fameux;
Peut-être ils conduiront la victoire avec eux.
Pour vous, Joab, rendez notre retraite aisée:
Que l'armée ennemie, avec soin abusée,
Dans tous vos mouvements ne puisse remarquer
Que l'unique dessein de l'aller attaquer.
Vous, Cisaï, suivez ce que le ciel m'inspire;

Et rendons, s'il se peut, le calme à cet empire.
Allez joindre Absalon.

CISAÏ.

Moi, seigneur!

DAVID.

Je le veux.
Le perfide n'est pas au comble de ses vœux :
Il craint pour son épouse une mort légitime,
Et j'ose me flatter qu'étonné de son crime,
Si je puis le forcer de paroître à mes yeux,
Mes soins et ses remords seront victorieux.
Allez donc : que par vous Absalon puisse apprendre
Que j'ai choisi ce lieu pour le voir et l'entendre ;
Que jusqu'ici, suivi par deux mille soldats,
Il peut d'un nombre égal faire suivre ses pas ;
Que pendant l'entretien nos troupes en présence
Camperont loin de nous en pareille distance :
Mais qu'il ne prenne point de délais superflus ;
Que la mort de Tharès puniroit ses refus.
Je sais combien l'amour l'intéresse pour elle ;
Faites-lui de son sort une image cruelle,
Peignez-lui son épouse aux portes du trépas,
Et sa fille à la mort conduite sur ses pas :
Répandez dans son cœur le trouble et l'épouvante,
Et contraignez l'ingrat à remplir mon attente.
Le ciel à vos discours donnera du pouvoir,
Ne craignez rien.

CISAÏ.

Seigneur, je ferai mon devoir.

DAVID.

Il suffit. Dieu puissant, notre foible prudence
En vain sur nos projets fonde son espérance :
Toi seul du monde entier réglant les mouvements,
Enchaînes à ton gré tous les événements ;

Grand Dieu ! c'est à toi seul que mon cœur s'abandonne,
Roi des rois, c'est de toi que je tiens la couronne ;
Sers de guide à mes pas chancelants, incertains,
Je remets mon espoir et ma vie en tes mains.

FIN DU TROISIEME ACTE.

ACTE IV.

SCENE PREMIERE.

ABSALON, ACHITOPHEL, CISAI.

CISAÏ, à Absalon.

Oui, seigneur, c'est ici que David doit se rendre :
Quel succès de vos soins ne doit-on point attendre?
Ils rappellent Tharès de l'horreur du tombeau,
Et vont de la discorde éteindre le flambeau.

ABSALON.

De quels troubles, grands Dieux, sens-je mon ame atteinte!
J'y sens naître à la fois et l'espoir et la crainte :
Où suis-je? de mon roi soutiendrai-je l'aspect,
De ce roi dont le front imprime le respect,
Que ma révolte accable, en qui la vertu brille?
O funeste serment ! ô Tharès ! ô ma fille!
Quelle preuve d'amour je vous donne aujourd'hui!

ACHITOPHEL.

Eh ! pourquoi vous livrer à ce mortel ennui,
Seigneur? pourquoi ternir l'éclat de votre gloire,
Et laisser de vos mains arracher la victoire?
Du superbe Joab humilions l'orgueil :
Que de vos ennemis ces champs soient le cercueil ;
Là, d'un bras que l'amour et la vengeance guide,
Dérobez votre épouse aux fureurs d'un perfide.
Voilà le seul conseil qu'on devroit vous donner.

CISAÏ.

Le seul conseil, seigneur! daignez me pardonner:
Mais il faut me montrer votre ame tout entiere.
Formez-vous le dessein d'immoler votre pere?

ABSALON.

Moi, que d'un crime affreux j'ose souiller mon bras?
Non : je veux de Joab punir les attentats,
Arracher à la mort mon épouse et ma fille,
Assurer pour jamais le sceptre à ma famille,
Jouir après David de son auguste rang.

CISAÏ.

Eh bien, seigneur, pourquoi répandre tant de sang?
Le roi, des deux partis retenant la furie,
Vient ici pour régler le sort de la patrie:
Vous êtes convenus et des lieux et du temps.

ABSALON.

Oui, je verrai David, Cisaï, je l'attends:
J'ai reçu sa parole, et j'ai donné la mienne;
Il suffit.

ACHITOPHEL.

Croyez-vous que ce nœud le retienne?
Je sais mieux de son cœur pénétrer les secrets.
Que dis-je? en cet instant peut-être que Tharès,
D'un injuste serment victime infortunée,
Voit par le fer cruel trancher sa destinée.

CISAÏ.

Non, seigneur, elle vit; je réponds de ses jours:
Mais si d'Achitophel vous croyez les discours,
Elle est morte; le roi, dans sa juste colere,
Va livrer au trépas et la fille et la mere:
Pour les en affranchir vos efforts seroient vains.

ABSALON.

Non, non, elles vivront, leurs jours sont en mes mains.
Déja mon cœur se livre à la douce espérance....

SCENE II.

ABSALON, THAMAR, ACHITOPHEL, CISAI.

ABSALON.

Mais que vois-je ! le ciel m'exauce par avance.
Est-ce vous, ô ma fille ! en croirai-je mes yeux?
Votre mere avec vous est-elle dans ces lieux?

THAMAR.

Non, seigneur, mais la reine a pris soin de ma vie,
Et jusque dans ce camp ses femmes m'ont suivie;
Elle croit que mon pere, attendri par mes pleurs,
Daignera terminer nos maux et ses douleurs.
Ma mere, condamnant une pitié cruelle,
Refusoit de souffrir qu'on me séparât d'elle;
Mes sanglots et mes cris appuyoient ses discours :
Mais elle a consenti d'accepter mon secours,
Et je viens à vos pieds vous demander sa vie.

ABSALON.

Non, n'appréhendez point qu'elle lui soit ravie.
Mais qu'est-ce que David ordonne de son sort?

THAMAR.

Le roi voudroit en vain l'arracher à la mort.
Tout le peuple à grands cris demande son supplice;
Et consentirez-vous, seigneur, qu'elle périsse?
Si je la perds, hélas! quel sera mon appui?
Dévorée à vos yeux d'un éternel ennui,
Sans cesse vous verrez sur mon triste visage
De son trépas fatal la déplorable image;
Et mes pleurs malgré moi vous rediront toujours
Qu'il n'a tenu qu'à vous de conserver ses jours.

ABSALON.

Je vais bientôt tarir la source de vos larmes,
Ma fille, bannissez d'inutiles alarmes;

Votre pere à vos pleurs ne peut rien refuser...
On vient dans cette tente, allez vous reposer;
La paix va dès ce jour remplir votre espérance.
Allez. Mais dans ces lieux quelle troupe s'avance?
Quel trouble, quelle horreur me saisit malgré moi!
Où suis-je? juste ciel! c'est David que je voi.

SCENE III.

DAVID, ABSALON, ACHITOPHEL, CISAI.

DAVID.

Oui, c'est moi, c'est celui que ta fureur menace.
Tu frémis? soutiens mieux ton orgueilleuse audace:
Le trouble où je te vois fait honte à ton grand cœur,
Et la crainte sied mal sur le front d'un vainqueur.

ABSALON.

Seigneur...

DAVID.

Quitte un respect qui n'est que dans ta bouche,
Et t'apprête à répondre à tout ce qui me touche.
Mais quand ton bras impie est levé contre moi,
M'est-il permis d'attendre un service de toi?

ABSALON.

Votre puissance ici, Seigneur, est absolue.

DAVID, montrant Achitophel.

Chasse donc ce perfide odieux à ma vue,
Ce monstre dont l'aspect empoisonne ces lieux.

ACHITOPHEL.

Je puis...

ABSALON.

Obéissez; ôtez-vous de ses yeux.

Achitophel sort, et David fait signe à Cisai de se retirer.

SCENE IV.

DAVID, ABSALON.

DAVID.

Enfin nous voilà seuls : je puis jouir sans peine
Du funeste plaisir de confondre ta haine,
T'inspirer de toi-même une équitable horreur,
Et voir au moins ta honte égaler ta fureur;
Car enfin je connois tes complots homicides.
Te voilà dans le rang de ces fameux perfides
Dont les crimes font seuls la honteuse splendeur,
Et qui sur leurs forfaits bâtissent leur grandeur :
Mais je veux bien suspendre une juste colere.
Quelle lâche fureur t'arme contre ton pere?
Ose, si tu le peux, me reprocher ici
Que j'ai forcé ta haine à me poursuivre ainsi :
Ou si dans ton esprit tant de bontés passées
A force d'attentats ne sont point effacées;
Daigne plutôt, perfide, en rappeler le cours.
Tu m'a toujours haï, je t'ai chéri toujours;
Je cherchois à tirer un favorable augure
Des ces dons séducteurs dont t'orna la nature;
En vain ton naturel altier, audacieux,
Combattoit dans mon cœur le plaisir de mes yeux,
Mon amour l'emportoit, je sentois ma foiblesse :
Que n'a point fait pour toi cette indigne tendresse?
Je t'ai vu sans respect, ni des lois, ni du sang,
D'Amnon mon successeur oser percer le flanc,
Moins pour venger l'honneur d'une sœur éperdue,
Que pour perdre un rival qui te blessoit la vue.
Israël de ce coup fut long-temps consterné;
Je devois t'en punir, je te l'ai pardonné.
J'ai fait plus : satisfait qu'un exil nécessaire

Eût expié trois ans le meurtre de ton frere,
Mes ordres à ma cour ont fait hâter tes pas ;
Ton pere désarmé t'a reçu dans ses bras.
Que dis-je? chargé d'ans et couvert de la gloire
D'avoir à mes projets asservi la victoire,
Tranquille, et jouissant du sort le plus heureux,
J'allois pour successeur te nommer aux Hébreux :
Et dans le même temps, secondé d'un rebelle,
Tu répands en tous lieux ta fureur criminelle.
Ce que n'ont pu jamais les fiers Amorréens,
Le superbe Amalec, les vaillants Hevéens,
Tu le fais en un jour. Ta fureur me surmonte :
Je fuis ; je traîne ici ma douleur et ma honte ;
Et, sans voir que sur toi rejaillit mon affront,
D'une indigne rougeur tu te couvres le front.
Ne crois pas cependant qu'oubliant ton offense,
Je ne puisse et ne veuille en prendre la vengeance.
Mais, parle. Qui te porte à cette extrémité?
Que t'ai-je fait, ingrat, pour être ainsi traité?

ABSALON.

Seigneur, si au devoir j'ai franchi les limites,
Si je suis criminel autant que vous le dites,
Imputez mes forfaits à mes seuls ennemis,
Accusez-en Joab ; lui seul a tout commis :
C'est lui dont la fureur, dont la haine couverte,
Trame depuis long-temps le dessein de ma perte.
Je sais tout ce qu'il peut sur vous, dans votre cour.
J'ai craint, je l'avoûrai...

DAVID.

Foible et honteux détour !
Cesse de m'accuser de la lâche injustice
De suivre d'un sujet la haine ou le caprice :
Donne d'autres couleurs à ta rebellion ;
Excuse-toi plutôt sur ton ambition.
Dis que ton cœur jaloux a tremblé que ton pere
Ne mît le sceptre aux mains d'Adonias ton frere.

A quoi ton lâche orgueil n'a-t-il pas eu recours ?
Tu veux me détrôner, tu veux trancher mes jours.

ABSALON.

Trancher vos jours, moi? ciel!

DAVID.

Oui, tu le veux, perfide.
Oses-tu me nier ton dessein parricide?
Ces gardes, ces soldats, qui, comblant tes souhaits,
Devoient dès cette nuit couronner tes forfaits,
Qui déposoient mon sceptre en ta main sanguinaire,
Traître! le pouvoient-ils sans la mort de ton pere ?
Tiens, prends, lis.

ABSALON, après avoir lu.

Je demeure interdit et sans voix.

DAVID.

Je sais tes attentats, fils ingrat, tu le vois.
Si le ciel n'eût pris soin de veiller sur ma vie,
Ta rage de mon sang alloit être assouvie.
Mais parle: à ce dessein qui pouvoit t'animer ?
Ton cœur sans en frémir a-t-il pu le former ?
En peux-tu rappeler l'idée épouvantable
Sans qu'un remords vengeur te déchire et t'accable?
Moi-même, en te parlant, saisi d'un juste effroi,
Mon trouble et ma douleur m'emportent loin de moi.
Grand Dieu! voilà ce fils, qu'aveugle en mes demandes,
Ont obtenu de toi mes vœux et mes offrandes;
Je le vois, tu punis mes desirs indiscrets:
Hé bien! Dieu d'Israël, accomplis tes décrets:
Consens-tu qu'à son gré sa rage se déploie ?
Veux-tu que dans mon sang ce perfide se noie ?
J'y souscris. Oui, barbare, accomplis ton dessein,
Aux dernieres horreurs ose enhardir ta main.
Si ta mere en ces murs éplorée, expirante,
Si le trépas certain d'une épouse innocente,
Ne peuvent t'inspirer ni pitié, ni terreur:

Ou plutôt, si le ciel se sert de ta fureur,
Ministre criminel de ses justes vengeances,
Remplis-les, par ma mort couronne tes offenses;
Viens, frappe...

ABSALON.

Juste ciel!

DAVID.

Tu trembles, que crains-tu?
Tu foules à tes pieds les lois et la vertu,
Tu forces dans ton cœur la nature à se taire:
Qui peut te retenir? Frappe, dis-je.

ABSALON.

Ah! mon pere.

DAVID.

Ton pere! oublie un nom qui ne t'est plus permis.
Je ne te connois plus: va, tu n'es plus mon fils.

ABSALON.

Un moment sans courroux, seigneur, daignez m'entendre:
Je ne puis ni ne veux chercher à me défendre.
Il est vrai, mon orgueil a fait mes attentats;
J'ai craint de voir régner mon frere Adonias;
Contre le fier Joab j'ai suivi ma colere:
Mais si je puis encore être cru de mon pere,
S'il peut m'être permis d'attester l'Eternel,
Voilà ce qui peut seul me rendre criminel.
Jouet d'un séducteur, qu'à présent je déteste,
Le traître Achitophel a commis tout le reste.
Je sais qu'après les maux que je viens de causer,
Une fatale erreur ne sauroit m'excuser;
J'ai tout fait, vengez-vous, punissez un coupable,
Ou plutôt sauvez-moi du remords qui m'accable,
Quelques affreux que soient vos justes châtiments,
Ils n'égaleront point l'horreur de mes tourments.

DAVID.

Ainsi le ciel commence à te rendre justice:

Ton crime fit ta joie, il fera ton supplice.
Heureux si ton remords sincere, fructueux,
Produisoit en ton ame un retour vertueux!
Mais ne cherches-tu point à tromper ma clémence,
Et ta bouche et ton cœur sont-ils d'intelligence?

ABSALON.

Dans le funeste état, seigneur, où je me voi,
Mes serments peuvent-ils vous répondre de moi?
En moi la vérité doit vous sembler douteuse.
Quel affront, juste Dieu! pour une ame orgueilleuse:
De quel opprobre affreux viens-je de me couvrir!
Je l'ai trop mérité pour ne le pas souffrir.
Oui, seigneur, n'en croyez ni ma fierté rendue,
Ni ma honte à vos yeux sur mon front répandue,
Ni les pleurs que je verse à vos sacrés genoux:
Punissez un ingrat, suivez votre courroux.

DAVID.

Leve-toi.

ABSALON.

Qu'allez-vous ordonner de ma vie?

DAVID.

Es-tu prêt à mourir?

ABSALON.

Contentez votre envie.

DAVID.

Mon envie! ah! cruel, dis plutôt mon devoir:
Je devrois te punir, je ne puis le vouloir.
Que dis-je! à quelque excès qu'ait monté ton audace,
Mon sang s'émeut pour toi, ton repentir l'efface;
Mes pleurs, que vainement je voudrois retenir,
T'annoncent le pardon que tu vas obtenir.
C'en est fait, ma tendresse étouffe ma colere;
Sois mon fils, Absalon, et je serai ton pere.
Je te pardonne tout: je vois qu'un séducteur
D'un horrible complot a seul été l'auteur;
Le perfide a séduit ta crédule jeunesse.

Redonne-moi ton cœur, je te rends ma tendresse.
Ton heureux repentir me fait tout oublier :
C'est à toi désormais à me justifier.
Mais il faut me livrer un traître qui te joue,
Et me montrer qu'enfin ton cœur le désavoue :
Il faut que tous tes chefs en mes mains soient remis.

ABSALON.

C'est peu de vous livrer nos communs ennemis,
Je veux avec éclat réparer mon offense.
Comblé de vos bontés, et plein de ma vengeance,
Le traître Achitophel va périr sous mes coups.

DAVID.

Non, suspends pour un temps ce dangereux courroux.
Du pouvoir souverain tu n'as que l'apparence,
Et le lâche en ses mains tient la toute-puissance;
Tu t'en verrois toi-même et sans fruit accablé :
Il faut... Mais que nous veut Cisaï tout troublé?

SCENE V.

DAVID, ABSALON, CISAI.

CISAÏ, à David.

Un péril évident dans ce lieu vous menace,
Seigneur : d'Achitophel l'artifice et l'audace
Jettent dans tous les cœurs le dangereux soupçon
Que l'on veut de ce camp enlever Absalon.

ABSALON.

Le traître!

CISAÏ.

Le soldat le croit, et court aux armes :
Montrez-vous et calmez ces nouvelles alarmes.

DAVID.

Vous voyez qu'un perfide est le maître en ces lieux :
Mais il faut prévenir ses desseins odieux.

CISAÏ.

Une terreur secrette a saisi votre armée;

D'une trop longue absence inquiette, alarmée,
Elle vient en fureur redemander son roi :
De votre serment même exécutant la loi,
Joab aux révoltés présente avec furie
Tous ceux qu'à leurs forfaits l'amour ou le sang lie ;
Prêt dans ce même instant à les faire périr,
Si votre heureux retour ne vient les secourir.

ABSALON.

Ah ! seigneur, pour Tharès je vous demande grace.

DAVID.

Ne craignez point, mon fils, le coup qui la menace :
Mais sur-tout conservez vos nobles sentiments,
Et connoissez les miens par mes embrassements.
J'ignore en vous quittant quel trouble affreux m'agite ;
Je le combats en vain, il s'accroît, il s'irrite.
Mais le temps presse, adieu, ne faites rien sans moi,
Et soyez sûr, mon fils, du cœur de votre roi.
Ne suivez point mes pas.

ABSALON.

Seigneur...

DAVID.

Je vous l'ordonne.

ABSALON.

Retournons.... Mais d'horreur je sens que je frissonne :
L'impie Achitophel s'ose offrir à mes yeux.

SCENE VI.

ABSALON, ACHITOPHEL.

ACHITOPHEL.

Hé bien, seigneur, David regne-t-il en ces lieux ?
Lui sacrifiez-vous, au gré de son envie,

Votre gloire, vos droits, notre sang, votre vie?
A ses discours flatteurs vous êtes-vous rendu?

ABSALON.

Qu'ai-je ouï? quelle audace! ai je bien entendu?
Perfide, oses-tu donc me tenir ce langage?
Toi dont j'ai découvert l'artifice et la rage,
Qui jusques à ton roi portois tes attentats...

ACHITOPHEL.

Je l'ai fait, je l'ai dû, je ne m'en repens pas.
Appelez mon dessein sacrilège, exécrable:
Mais songez qu'après tout vous en êtes coupable.

ABSALON.

Moi, perfide?

ACHITOPHEL.

Vous seul. Pour qui, troublant l'état,
Ai-je bravé les noms de perfide et d'ingrat?
David vous a fléchi par de vaines caresses,
Allez voir quels effets ont suivi ses promesses.
Le superbe Joab s'approche avec fureur;
Il a dans tout ce camp fait voler la terreur.
Nos femmes, nos enfants dans ses mains redoutables,
Du serment de David victimes déplorables,
Vont terminer leurs jours par des tourments affreux.
Pensez-vous que Tharès ait un sort plus heureux?
Allez: et si leur sang, si leur mort peut vous plaire,
Achetez à ce prix une paix sanguinaire.

ABSALON.

Joab à cet excès ne s'est point emporté,
Le roi d'un vain espoir ne m'aurait point flatté...
Non, non.

SCENE VII.

ABSALON, ACHITOPHEL, CISAI.

ABSALON.

Mais, Cisaï, que venez-vous m'apprendre?

CISAÏ.

Le roi dans son armée enfin vient de se rendre;
Amasa, hors du camp sans votre ordre avancé,
Par la main de Joab vient d'être repoussé;
Rien n'a pu retenir leur fureur allumée:
Mais cette émotion sera bientôt calmée.

ABSALON.

Non, Joab, ne prenant que sa haine pour loi,
Ose ici m'attaquer sans l'aveu de son roi.
Allons, et rassemblons les chefs de mon armée:
Vous, Cisaï, servez ma tendresse alarmée;
Obligé de laisser ma fille en ce séjour,
Pres d'elle avec ma garde attendez mon retour.
Allez.

(à Achitophel.)

N'espere pas que, dans cette occurrence,
De tes conseils trompeurs j'implore l'assistance:
Pernicieux auteur de mon mortel ennui,
Je te dois tous les maux que j'endure aujourd'hui.
Ne me suis point, va, fuis, tremble que ma justice,
Malgré tout ton pouvoir, ne te livre au supplice:
Et si tu crains la mort due à tant de forfaits,
Sauve-toi, disparois de ces lieux pour jamais.

SCENE VIII.

ACHITOPHEL.

Je préviendrai bientôt le coup qui me menace.
Ciel! puis-je soutenir ma honte et ma disgrace?
Digne fruit de mes soins! Mais pourquoi me troubler?
Cessez, honteux remords; est-ce à moi de trembler?
Allons, que cette horrible et fameuse journée
Ne soit pas à moi seul affreuse, infortunée!
Mourons : mais périssons du moins avec éclat.
Absalon par mes soins est suspect au soldat;
Tous les chefs sont pour moi, même intérêt les guide.
Marchons, et qu'un combat de notre sort décide :
Si nous sommes vainqueurs, Absalon malgré lui
Se trouvera forcé de payer mon appui.
Si, plus puissant que nous, l'ennemi nous surmonte,
Il est un sûr moyen d'ensevelir ma honte :
Et tout homme à son gré peut défier le sort,
Quand il voit d'un même œil et la vie et la mort.

FIN DU QUATRIEME ACTE.

ACTE V.

SCENE PREMIERE.

THAMAR, CISAI.

THAMAR.

Ah! ne me laissez point en proie à mes alarmes,
Cher Cisaï, parlez : à qui dois-je mes larmes?
Quel tumulte, quel bruit, quels cris pleins de fureur?
Tout me glace d'effroi, tout me saisit d'horreur.
Le roi victorieux a-t-il puni mon pere?
Un rigoureux serment a-t-il proscrit ma mere?
Et moi-même, réduite à marcher sur leurs pas,
Vais-je apprendre de vous l'arrêt de mon trépas?

CISAÏ.

Non, madame, cessez en vain d'être alarmée,
Le désordre s'est mis dans l'une et l'autre armée;
Mais la paix va bientôt terminer vos douleurs.

THAMAR.

La paix! ah! voulez-vous me cacher mes malheurs?

CISAI.

Daignez croire, madame, un serviteur fidele.
Loin de vous dans ce camp l'ordre du roi m'appelle.
Rassurez vos esprits; votre sort va changer;
Par ce que vous voyez commencez d'en juger.
Je vous laisse.

SCENE II.

THARÈS, THAMAR.

THAMAR, embrassant Tharès.

Le ciel permet que je vous voie,
Madame; pardonnez ce transport à ma joie!
Que cette chere vue adoucit mes ennuis,
Et que j'en ai besoin dans le trouble où je suis!
Mais plus tranquille enfin daignerez-vous m'apprendre
Quel bonheur à mes vœux vient ici de vous rendre?
Le sort nous montre-t-il un visage plus doux?

THARÈS.

Ah! ma fille, qui sait quel sera son courroux?
On ne jette sur moi que des regards farouches;
L'arrêt de mon trépas sort de toutes les bouches:
Je sais que, plus sensible et prompt à pardonner,
Le roi voit à regret qu'il doit nous condamner:
Mais que peut-il pour nous lorsqu'un peuple en furie
Veut que l'on nous immole à sa gloire flétrie?
Je vous tiens en tremblant un funeste discours:
Cependant si le ciel disposoit de nos jours,
Ma fille, croyez-vous pouvoir avec constance
Ne point trahir l'orgueil d'une illustre naissance?
Vous vous troublez! je vois vos pleurs prêts à couler.

THAMAR.

Hé! pourquoi devant vous vouloir dissimuler?
J'avoûrai que, peu faite à cette affreuse image,
Malgré moi je frémis lorsque je l'envisage.
Je ne vous promets point de braver le trépas,
Mais, madame, du moins je ne me plaindrai pas.
Cependant Cisaï, pour calmer mes alarmes,

Me flattoit que la paix alloit sécher nos larmes.
Vaine espérance, hélas !

SCENE III.

LA REINE, THARÈS, THAMAR.

LA REINE.

Ah! madame, apprenez
A quels affreux malheurs nous sommes condamnés.
L'impie Achitophel, auteur de nos alarmes,
Voit la victoire injuste attachée à ses armes :
Ainsi trouvant par-tout des complots odieux,
Il n'est de sûreté pour nous que dans ces lieux :
Et quel asile? hélas! dans un moment peut-être
L'ennemi triomphant va s'en rendre le maître.

THARÈS.

C'est donc à mon trépas à venger vos malheurs.

LA REINE.

N'aigrissez point encor de trop justes douleurs.
Dans un temps plus heureux vous connoîtrez, madame,
Ce que le repentir peut produire en une ame;
Mes yeux sur vos vertus enfin se sont ouverts.
Mais le roi vient à nous, tous les moments sont chers.

SCENE IV.

DAVID, LA REINE, THARÈS, THAMAR.

LA REINE.

Le ciel s'obstine-t-il à nous être contraire?

DAVID.

Nos malheurs sont trop grands pour pouvoir vous les taire;

A nos cruels vainqueurs rien n'a pu résister,
Mais il leur reste encor David à surmonter.
En vain devant leurs pas a marché la victoire,
Mes yeux ne seront point les témoins de leur gloire :
Et je cours...

LA REINE.

Ah ! seigneur, où voulez-vous courir?
Que pouvez-vous encor?

DAVID.

Les combattre et mourir.

LA REINE.

Vivez plutôt, fuyons, cherchons un autre asile.

DAVID.

Trop de honte suivroit une fuite inutile.
(à Tharès.)
Madame, c'est pour vous que je viens en ces lieux :
Nos pleurs n'ont point trouvé grace devant les cieux :
Vous savez quel serment vous lie à ma colere.

THARÈS.

Je n'en murmure point, il faut la satisfaire.
Mais souffrez qu'en mourant pour son injuste époux
Une mere éplorée embrasse vos genoux :
Ma fille... ce seul nom vous montre mes alarmes.

DAVID.

Ecoutez-moi, madame, et suspendez vos larmes.
C'est peu que mon serment ait réglé votre sort,
Un peuple audacieux demande votre mort :
Mes soldats, dont la honte irritera la rage,
Voudront venger sur vous leur perte et leur outrage :
En vain à leur fureur je voudrois m'opposer,
Dans l'état où je suis ils peuvent tout oser :
Sauvez-vous. Par mon ordre en ces lieux amenée,
J'ai prévu de nos maux la suite infortunée.
Par des chemins secrets mille de mes soldats
Jusqu'au camp du vainqueur vont conduire vos pas :
Partez. Souvenez-vous que de haine incapable

David à la vertu fut toujours secourable.

THARÈS.

Que le courroux du ciel tombe plutôt sur moi !
Non, je ne suivrai point l'ennemi de mon roi...

DAVID.

Absalon ne l'est plus ; son repentir sincere
A ranimé pour lui tout l'amour de son pere :
Le perfide Amasa, le traître Achitophel,
Le forcent d'accomplir leur projet criminel.
Il n'ose ni ne peut arrêter leur furie ;
Libre de mon serment, je vous rends à la vie.
Si le ciel à ce jour a fixé mon trépas,
Qu'Absalon me succede, et ne me venge pas.
Adieu. Puisse le ciel, pour prix de ma clémence,
Ne lancer que sur moi les traits de sa vengeance !

SCENE V.

DAVID, LA REINE, THARÈS, THAMAR, CISAI.

CISAÏ.

Tout a changé, seigneur, la victoire est à nous :
Tout fuit du fier Joab l'implacable courroux,
Par-tout on voit nos champs teints du sang des rebelles.

DAVID.

Dieu juste ! tu punis leurs fureurs criminelles :
Un moment te suffit pour changer notre sort,
Et tu tiens en tes mains et la vie et la mort.

CISAÏ.

Avant que l'ennemi, chassé par votre armée,
Eût repris sa fureur par sa honte allumée,
Des ordres de Joab dix mille hommes instruits,
Dans les bois d'Ephraim avoient été conduits.

A peine ils sont cachés que l'ennemi s'avance,
Les traîtres sur leur front portent leur insolence :
L'impie Achitophel d'abord s'offre à nos yeux,
A la tête des rangs il marche furieux :
Joab feint quelque temps de céder à la crainte ;
Par son ordre tout fuit, tout confirme sa feinte.
Les mutins en tumulte accourent sur nos pas,
Quand Joab tout-à-coup arrête ses soldats,
Fait face à l'ennemi, qui, sans chef et sans guide,
Saisi d'étonnement, recule et s'intimide.
Cependant nos guerriers cachés dans les forêts
Sortent, et font pleuvoir un nuage de traits.
A leurs cris, dont au loin les échos retentissent,
Les mutins sont troublés, leurs visages pâlissent :
Nous donnons ; on entend crier de tous côtés,
« Périsse Achitophel, meurent les révoltés ! »
Cet insolent, en proie à sa honte et sa rage,
Semble chercher la mort au milieu du carnage :
Mais voyant que tout fuit, et qu'on veut l'arrêter,
A la terreur commune il se laisse emporter.
Par l'ordre de Joab je m'attache à le suivre,
Et Zamri que je trouve entre mes mains le livre.
Au fond d'un antre obscur, quel spectacle odieux !
Achitophel mourant se présente à mes yeux.
Pour échapper aux traits de vos justes vengeances,
Il s'est chargé du soin de punir ses offenses ;
Et, d'un mortel lien empruntant le secours,
Lui-même il a tranché ses détestables jours.
Nous sortons, un grand bruit au loin se fait entendre ;
J'y cours, et nos soldats s'empressent de m'apprendre
Qu'Absalon, qui sembloit, n'ayant point combattu,
Avoir pris le parti qu'exigeoit sa vertu,
A l'aspect de Joab, vainqueur comblé de gloire,
A voulu de ses mains enlever la victoire.

DAVID.

Juste ciel ! quel projet a-t-il voulu tenter ?

THARÈS.

Ah! mon époux est mort, je n'en saurois douter.

CISAÏ.

Non, madame, il respire, et bientôt sa présence
Va de votre douleur calmer la violence.

DAVID.

Achevez : qu'a-t-il fait?

CISAÏ.

Ralliant ses soldats,
Il marche plein d'audace au-devant de nos pas :
Contre le seul Joab sa colere l'entraîne;
Il veut fondre sur lui, mais sa fureur est vaine.
Sous un chêne fatal passant rapidement,
Ses cheveux, de son chef malheureux ornement,
Se prennent aux rameaux de cet arbre funeste,
Et semblent s'y lier par un pouvoir céleste.
Quelque temps sur sa force il fonde son appui,
Mais son cheval fougueux se dérobe sous lui;
Il reste suspendu : les rebelles s'étonnent;
Loin de le secourir, les lâches l'abandonnent
Cependant tous nos chefs, pour conserver ses jours,
Suivis de leurs soldats, couroient à son secours:
J'y volois avec eux, lorsque Joab m'appelle.
« Allez, portez au roi cette heureuse nouvelle,
« Me dit-il; l'Eternel a rempli ses desseins,
« Et son fils va bientôt être mis en ses mains. »

LA REINE.

Dieu puissant!

THAMAR.

Jour heureux!

DAVID.

Quoi! mon fils va paroître!
De quel succès, grand Dieu, n'êtes-vous pas le maitre!
Quelle faveur... Il vient, il s'avance en ces lieux.
Mais, ciel! en quel état s'offre-t-il à mes yeux!

SCENE VI.

DAVID, LA REINE, ABSALON, mourant, THARÈS, THAMAR, CISAI.

DAVID.

Ah! que vois-je, mon fils! quelle image cruelle!
Quel est ce sang? d'où vient cette pâleur mortelle?
Le ciel a-t-il toujours été sourd à ma voix?

ABSALON.

Je me jette à vos pieds pour la derniere fois.

DAVID.

Que dites-vous?

ABSALON.

Calmez la douleur qui vous presse.
Indigne de vos pleurs et de votre tendresse,
Mes odieux complots vous ont trop outragé;
Je meurs; le ciel est juste, et vous êtes vengé.

DAVID.

Quelle vengeance, ô ciel! ô trop malheureux pere!
Rien n'a donc pu fléchir la céleste colere?
Tous nos chefs, m'a-t-on dit, alloient vous secourir.

ABSALON.

Ils y voloient, seigneur; mais je devois périr.
Les mutins ranimés ont voulu, pleins d'audace,
Rompre les nœuds cruels, auteurs de ma disgrace,
Et d'un trait qu'en fureur Joab avoit lancé
Votre malheureux fils en leurs mains est percé.

DAVID.

Ciel! Joab...

ABSALON.

N'imputez mon trépas légitime
Qu'au traître Achitophel, ou plutôt qu'à mon crime.
L'Eternel de Joab a guidé le courroux;

Je viens vous demander sa grace à vos genoux.
Trop heureux, quand je meurs, de jouir de la gloire
D'avoir pu sur ma haine emporter la victoire.
(à Tharès.)
Vous le voyez, Tharès; votre époux malheureux
Veut suivre, mais trop tard, vos conseils généreux:
Cachez-moi vos douleurs, épargnez ma foiblesse.
(au roi, lui montrant Thamar.)
Vous, seigneur, regardez cette jeune princesse.
Déja mille vertus, dignes de votre sang,
L'élevent au-dessus de son auguste rang;
Je remets en vos mains et la fille et la mere:
Daignez les adopter, et leur servir de pere.
Veuille le juste ciel, comblant mes derniers vœux,
Aux dépens de mon sang vous rendre tous heureux..!
Mais ma raison s'éteint... ma force diminue...
Et la clarté des cieux se dérobe à ma vue...
Je frissonne... mon sang se glace... je frémis...
Ah! mon pere... seigneur... Ciel! je meurs.

DAVID.

O mon fils!

THARÈS.

O mon cher Absalon, pourrai-je vous survivre?
Non, non, dans le tombeau vous me verrez vous suivre.

FIN D'ABSALON.

JONATHAS,

TRAGÉDIE EN TROIS ACTES,

TIRÉE DE L'ÉCRITURE SAINTE.

1714.

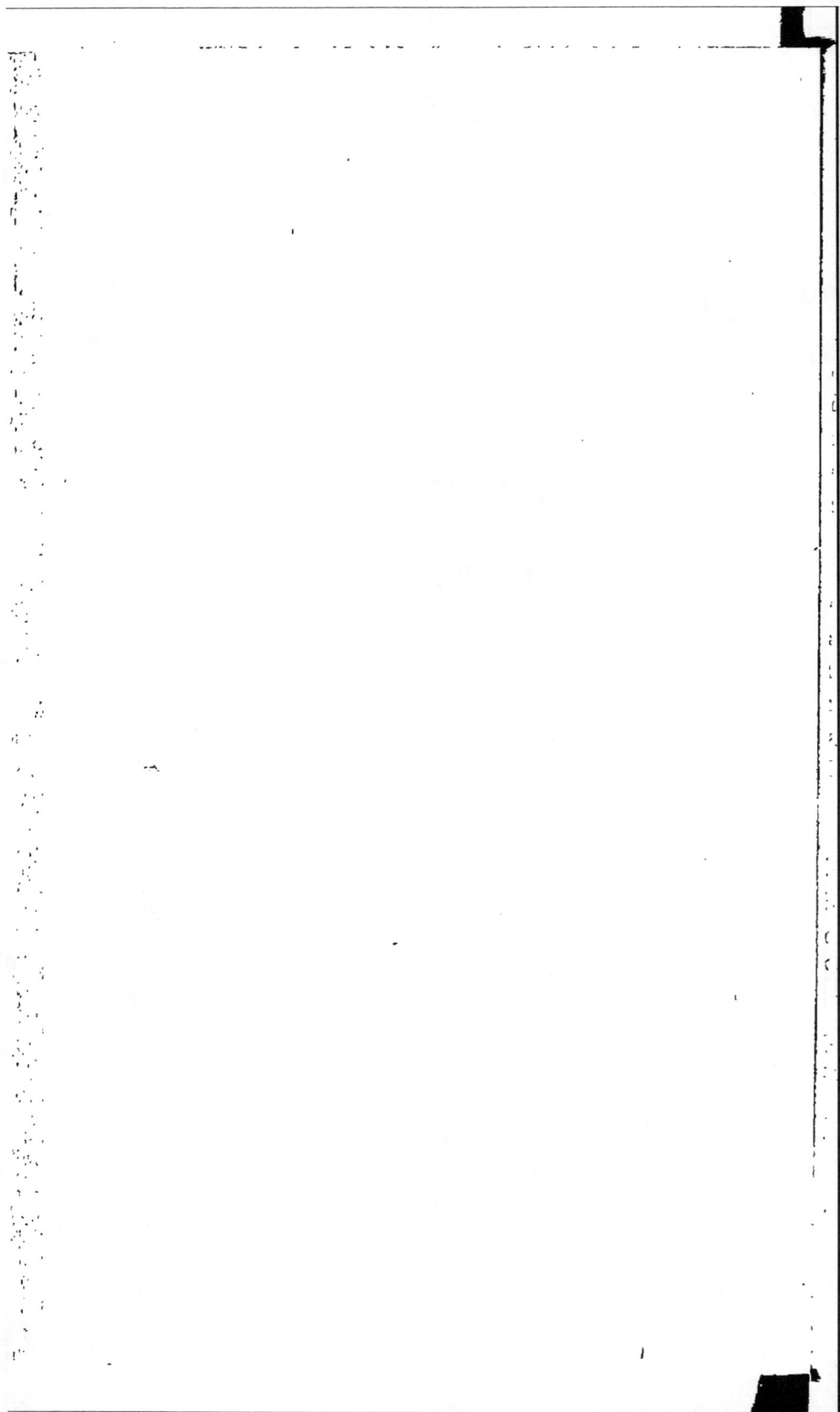

PRÉFACE.

J'AI tiré du quatorzieme chapitre du premier Livre des Rois le sujet de cette tragédie : mais pour donner une parfaite intelligence de bien des choses qui y sont répandues, soit en récit, soit en action, il est nécessaire de reprendre l'histoire de ce temps-là un peu plus haut.

Les Hébreux, depuis la mort de Josué, avoient été conduits par les juges ; Samuel les gouvernoit avec une équité et une prudence dignes de la sainteté de sa vocation : mais sa vieillesse ne lui permettant plus de porter un fardeau si pesant, il fit agréer au peuple que ses fils, Joël et Abia, jugeassent Israël en sa place.

La conduite des enfants ne répondit point à celle du pere : ils ne marcherent pas dans ses voies, dit l'Ecriture; l'avarice dicta leurs jugements, et tous les Hébreux opprimés de leurs vexations, ou irrités de leurs injustices, s'assemblerent, vinrent trouver Samuel, et lui demanderent un roi.

Dieu ordonna à Samuel de les contenter. Il lui dit qu'il lui enverroit un homme de la tribu de Benjamin; il le lui dépeignit, et Saül, fils de Cis, fut celui qui vint, que Samuel sacra, et sur qui le sort tomba en présence de toutes les tribus assemblées. Il fut donc élu roi. Les insultes des Ammonites lui firent prendre les armes contre eux : il les vainquit; Jonathas son fils défit peu de temps après les Philistins. La guerre s'alluma avec plus de violence entre eux et les Israélites. Les premiers mirent sur pied une armée formidable : ils avoient, dit le texte sacré, six mille chevaux, trente mille chariots, et le nombre de leurs gens de pied égaloit les sablons de la mer.

Les Hébreux furent domtés, pour ainsi dire, par le seul appareil de leurs ennemis. Ils se cacherent presque tous dans les montagnes, dans les antres et les citernes ; quelques-uns traverserent le Jourdain, et prirent la fuite. L'épouvante des Juifs passa jusqu'à leur roi. Samuel lui avoit défendu d'offrir le sacrifice avant qu'il l'eût été trouver à Galgala, où étoit Israël : les sept jours marqués par le prophète expiroient, la crainte saisit le cœur de ce prince ; il voulut se hâter de consulter Dieu, et dans le temps qu'il achevoit d'offrir l'holocauste et les pacifiques, Samuel arriva. Il reprocha à Saül sa désobéissance et son peu de foi ; et après lui avoir annoncé qu'à cause de cette faute sa postérité ne régneroit point sur les enfants d'Israël, il l'abandonna, et vint à Gabaa de Benjamin. Saül, Jonathas et les troupes des Hébreux, qui pouvoient être au nombre de six cents hommes, prirent la même route, et camperent près de Gabaa, à une très petite distance de Machmas, qui étoit le lieu où l'armée des Philistins étoit assemblée.

L'Ecriture ne marque point combien de temps les deux armées furent en présence sans combattre : mais elle dit qu'un jour (et c'est ici que commence mon action) Jonathas et son écuyer entrerent dans le camp des ennemis; qu'ils surprirent la garde, qu'ils l'égorgerent; que le désordre se mit dans les troupes des Philistins, qu'ils prirent tous la fuite en tumulte, et qu'il parut visiblement que leur terreur et leur déroute étoient l'effet de la vengeance de Dieu.

Saül étoit alors dans son camp. Des sentinelles lui rapporterent le désordre des ennemis : il fit chercher Jonathas, et ne douta plus que leur fuite ne fût son ouvrage, quand on lui rapporta qu'on ne le trouvoit point. Il consulta Dieu, qui lui ordonna de marcher contre eux. Il courut; les Israélites qui s'étoient cachés dans les montagnes d'Ephraïm se joignirent à lui; tout Israël se réunit, et Saül se trouva alors suivi de dix mille hommes. Ce fut en cette occasion que, par vanité, ou, comme dit Josephe, par imprudence, et ne pouvant modérer sa joie, il se livra tout entier au plaisir de la vengeance, et dévoua à la mort, avec serment, quiconque, durant le cours de cette journée, prendroit la moindre nourriture, jusqu'à ce qu'il se fût vengé entièrement de ses ennemis. Tout le peuple entendit l'anathême, et s'y soumit. On alla aux Philistins; ils furent presque tous défaits. Cependant les Israélites arriverent dans une forêt, où l'on trouva quantité de rayons de miel : Jonathas, qui ignoroit la malédiction prononcée par son pere, en porta quelque peu à sa bouche. Un des soldats l'en reprit, et l'instruisit du serment qu'avoit fait le roi. Jonathas murmura contre son pere. « Son ordre, répondit-il, « a tout troublé; vous avez vu que j'ai repris de « nouvelles forces, parceque j'ai goûté un peu de ce

« miel ; quelles auroient été celles de toute l'armée, « s'il lui eût été permis de se nourrir du butin qu'elle « a fait sur ses ennemis ? » On continua de poursuivre les Philistins ; et Saül, voulant piller leur camp, consulta Dieu une seconde fois.

Dieu ne répondit point ; on soupçonna que quelqu'un avoit péché dans Israël, on chercha le coupable, et le sort ayant été jeté pour le reconnoître, il tomba sur Jonathas. Ce malheureux prince avoua sa désobéissance et son murmure. Saül lié par son serment prononça son arrêt : mais le peuple protesta que celui qui avoit sauvé les Hébreux en ce jour ne périroit point, et le déroba ainsi à la mort.

Voilà l'histoire de ma piece ; j'en ai conservé les traits essentiels avec cette exactitude et ce respect que l'on doit aux Livres Saints : j'ai seulement fait agir Samuel, qui ne paroît pas avoir été présent à cette action ; et j'ai cru qu'il étoit plus noble de faire entrer ce prophête sur la scene qu'un simple sacrificateur, dans la bouche duquel je n'aurois pu mettre les mêmes choses, et qui n'auroit pris qu'un foible intérêt dans les malheurs de Saül et de Jonathas ; au lieu que Samuel regarde le premier comme son fils, et est, pour ainsi dire, médiateur entre Dieu et lui.

La même raison m'a fait supprimer l'écuyer de Jonathas, et mettre Abner en sa place. Je le mets ensuite à la tête des révoltés. Abner étoit cousin-germain de Saül ; et, à la réserve de l'action que l'Ecriture donne formellement à l'écuyer, il a fait, ou il a pu faire vraisemblablement les choses qu'il fait dans ma piece.

Une des difficultés qui m'a fait le plus de peine à surmonter, a été d'éclaircir le péché commis par Jonathas : il ne paroît pas, selon la justice humaine, qu'il soit coupable ; il ignore l'ordre de son pere ; cette raison seule semble le disculper aux yeux des hommes, et le danger de mort dans lequel il se trouve, au lieu d'exciter la passion et la terreur, qui sont l'effet de la tragédie, semble ne devoir que révolter l'esprit, et que donner un caractere de cruauté à Saül et à Samuel, qui les rendroit odieux dans tout le cours de cet ouvrage. Il a donc fallu chercher la véritable cause des malheurs de Jonathas, et tâcher d'en trouver une partie dans ses foiblesses ; car enfin, quoiqu'il paroisse d'abord innocent, Dieu le déclare coupable, et fait tomber le sort sur lui. J'ai eu recours pour cela aux interprètes : ils m'ont appris que l'infortune du fils pouvoit être une punition pour le pere, qui s'étoit rendu criminel en désobéissant au prophète, et en faisant un vœu que saint Chrysostome appelle une folie, et un artifice du démon : mais la circonstance sur laquelle j'ai appuyé le plus, et qui rend Jonathas véritablement coupable, c'est son murmure contre l'ordre de Saül. Il s'en plaint avec aigreur ; il l'accuse d'indiscrétion devant l'armée ; ce qui pouvoit produire des effets dangereux. Il choque le respect qu'il doit à Dieu, le maître et le protecteur des rois, celui qu'il est obligé de rendre au diadême, et celui que le ciel et la nature lui ordonnent d'avoir pour son pere.

Quelques personnes ont trouvé que Jonathas se dévouoit à la mort avec une espece de férocité, et qu'un peu de foiblesse, lorsqu'il est prêt à mourir, auroit rendu son caractere plus naturel. Beaucoup d'exemples tirés de l'Ecriture pourroient justifier ma conduite en cette occasion : mais je ne répondrai rien, sinon qu'en rendant mon héros moins zélé et plus foible, j'aurois corrompu son vrai caractere, que toutes les actions de sa vie le représentent tel que je l'ai peint, et que, lorsque son pere le condamna à la mort, voici la réponse que Josephe lui fait faire : « Je ne vous prie point, seigneur, de « sauver mes jours ; j'accomplirai votre serment avec « joie, et, quoi qu'il m'arrive, je ne me croirai point « malheureux, puisque le peuple de Dieu est triom- « phant. » Les Juifs, ajoute-t-il, furent tellement touchés de ces sentiments généreux, qu'ils l'arracherent des mains de son pere, et prierent Dieu de lui remettre sa faute, qui, selon toutes les apparences, lui fut pardonnée, puisque l'Ecriture n'en fait aucune mention dans la suite.

Au reste, j'espere que le public trouvera qu'à peu de choses près j'ai tiré de mon sujet tout ce qui pouvoit y plaire. La maison royale de saint Louis, à laquelle cet ouvrage est consacré, et dont la piété solide et éclairée est digne de son illustre protectrice et de son auguste fondateur, n'admet point chez elle d'amusements profanes. Ainsi on ne trouvera aucun amour dans cette piece, et ce n'est pas une des plus petites satisfactions que j'aye eues, que celle d'avoir, à l'imitation des anciens, ému et attendri mes auditeurs, sans m'être servi de cette passion. Je crois que l'on trouvera mes chœurs tels que les ordonne Aristote ; ils font une partie de mon action, et tout ce que l'on y chante ne s'en écarte en aucune maniere. Les applaudissements augustes dont j'ai été honoré ne m'enflent point jusqu'à croire que ma tragédie soit sans défauts. J'ose dire que je suis moins sensible aux louanges et aux critiques, que bien des hommes. Je tâcherai toujours à profiter des unes et des autres, je veux dire à m'enhardir, à me corriger, et à prendre, si je puis, de nouvelles forces. J'aime la vérité au-dessus de toutes choses, et je prendrai toujours son parti contre moi-même, quand elle sera dans la bouche de mes censeurs.

ACTEURS.

SAUL, roi d'Israël.
JONATHAS, fils de Saül.
ACHINOAM, femme de Saül.
MEROB, } filles de Saül.
MICHOL, }
ABNER, parent de Saül, et chef de ses armées.
SAMUEL, prophête.
PHANÈS, officier de la garde.

La scene est au camp des Hébreux, près de la ville de Gabaa, dans la tente de Saül.

JONATHAS,

TRAGÉDIE.

ACTE PREMIER.

SCENE PREMIERE.

JONATHAS, MÉROB, ABNER.

MÉROB, à Jonathas.

Que faites-vous, mon frere? et qu'allez-vous tenter?
Eh quoi! Mérob en pleurs ne vous peut arrêter!

JONATHAS.

à Abner. à Mérob.
Viens, Abner... Bannissez de honteuses alarmes,
Ma sœur; il n'est pas temps de répandre des larmes :
Dans d'horribles périls Israël engagé,
Et d'ennemis sans nombre en ce camp assiégé,
Sans secours, sans appui, presque sans espérance,
Du Dieu seul d'Abraham attend sa délivrance.
Que faisons-nous ici? quelle timidité
Nous plonge en une indigne et lâche oisiveté,
Quoi donc? attendons-nous qu'affamé de carnage
Sur nous le Philistin assouvisse sa rage,
Ou, par d'indignes fers content de nous flétrir,
Nous vienne même ôter la douceur de mourir?
Ah! du nom d'Israël soutenons mieux la gloire;
L'Eternel est pour nous, courons à la victoire,

Et que toute la terre apprenne en frémissant
Que le Dieu de Jacob est le Dieu tout-puissant!

MÉROB.

J'applaudis au dessein dont la grandeur vous flatte:
Mais est-il temps, seigneur, que votre zele éclate?
Quels soldats vous suivront dans le camp ennemi?
A l'aspect du péril les Hébreux ont frémi;
Dans des antres profonds ces lâches immobiles,
Semblables aux rochers qui leur servent d'asiles,
A se soustraire au jour bornent tous leurs efforts,
Et semblent se compter déja parmi les morts.
Jonathas, se perdant sans sauver sa patrie,
Attaquera-t-il seul une armée en furie,
Que toutes nos tribus ont craint de soutenir,
Et qu'un pays immense a peine à contenir?
Ah! si l'ordre du roi pour nos troupes craintives
Peut rallier enfin leurs bandes fugitives;
Si Dieu, que Samuel interroge pour nous,
Veut qu'un combat sanglant signale son courroux,
Courez, volez alors, que rien ne vous arrête!
Mais n'allez pas sans fruit exposer votre tête.
Que d'horribles malheurs suivroient votre trépas!
Aux Hébreux alarmés conservez Jonathas;
Seul, au milieu du camp d'un ennemi perfide,
Qui vous arrachera de sa main homicide?

JONATHAS.

Quand de toute l'Egypte Israël assailli,
Sur le bord de la mer surpris, enseveli,
S'attendoit, abimé dans sa douleur profonde,
A devenir la proie, ou du fer, ou de l'onde,
Dieu l'abandonna-t-il dans ce pressant danger?
Il le sauva... Que dis-je? il voulut le venger.
Au travers de l'abime il lui fit un passage,
L'Egyptien superbe y trouva le naufrage;
Et des projets cruels qu'enfanta son orgueil

La mort devint le fruit et la mer le cercueil.
Vous oubliez, ma sœur, ces prodiges insignes,
Quand votre lâche crainte et vos larmes indignes
S'efforcent de combattre un généreux dessein
Que Dieu, pour nous sauver, a versé dans mon sein.
Que cent peuples, ligués pour nous faire la guerre,
S'assemblent contre nous des deux bouts de la terre;
Qu'indomtables par-tout, rien n'arrête leur cours;
Que tous les éléments leur prêtent du secours :
Seul, et me souvenant de ces faits mémorables,
J'irai, j'attaquerai leurs troupes formidables,
Et servant de ministre au céleste courroux,
Au nom de l'Eternel je les confondrai tous :
Mais d'un moindre ennemi j'obtiendrai la victoire,
Et le fidele Abner aura part à ma gloire.

ABNER.

En quelque endroit, seigneur, que vous vouliez aller,
Sans crainte sur vos pas on me verra voler.
Mais hâtons-nous; le jour qui va bientôt paroître
Trahiroit vos desseins, et nous feroit connoître :
Une troupe d'amis, par mes soins amenés,
Marcheront avec nous, si vous leur ordonnez.
Au camp des ennemis regne un profond silence :
Le sommeil en nos mains les livre sans défense...

JONATHAS.

Allons, Abner, le ciel prendra soin de nos jours :
Je ne veux que mon zele et toi seul pour secours.
Nous vaincrons, tout accroît ma juste impatience,
J'en crois mille transports qui hâtent ma vengeance;
Aux portes de ce camp nos cruels ravisseurs
D'un insolent repos respirent les douceurs.
Courons, faisons passer cette troupe infidelle
De la nuit du sommeil à la nuit éternelle,
Et que le jour naissant étale aux yeux de tous
L'ennemi d'Israël abattu sous nos coups.

Adieu, ma sœur.

MÉROB.

Hélas !

JONATHAS.

Votre crainte m'offense ;
Ayez plus de courage, et moins de défiance.
Au fort de Gabaa la reine doit aller,
Vous l'y suivrez, ma sœur; gardez-vous de parler ;
Vos soins de mon départ ont percé le mystere,
Ne le découvrez point, sur-tout au roi mon pere ;
Le succès doit avant justifier mes pas ;
Nous courons le venger.

MÉROB.

Vous courez au trépas...
Il me fuit, il me laisse en proie à mes alarmes.
O toi ! qui le conduis, ciel ! protége ses armes,
Et, faisant triompher son courage et sa foi,
Couronne un zele ardent qu'il a reçu de toi.

SCENE II.

SAUL, ACHINOAM, MÉROB, MICHOL.

SAUL, à la reine.

Tandis que Samuel offre le sacrifice,
Prenons ce temps, madame, à mon dessein propice.
La nuit d'un voile obscur couvre encor ces climats,
Au fort de Gabaa précipitez vos pas :
A de pareils projets la diligence importe ;
Ma garde jusque-là vous servira d'escorte :
Allez ! puisse le ciel, appaisant son courroux,
Vous rappeler bientôt auprès de votre époux !

ACHINOAM.

Moi, vous quitter, seigneur ! quel nouveau soin
vous presse ?

Courez-vous au combat? craignez-vous ma foiblesse?
Ah! Dieu vaincra pour vous tant de vains ennemis.
Déja le fier Ammon à vos pieds est soumis;
Des cruels Philistins notre perte est jurée,
Je le sais : mais du camp vous défendez l'entrée;
Que pourront contre vous ces peuples conjurés?
Quels murs, et quels remparts pour moi plus assurés?
D'une vaine terreur vous me croyez atteinte,
Non, seigneur, je vous vois, mon cœur n'a point de crainte;
Le bien que votre épouse implore à vos genoux
Est que la seule mort me sépare de vous.

MÉROB.

J'ose joindre mes pleurs aux soupirs de la reine.

MICHOL.

Je suis jeune, seigneur, et me connois à peine,
Je crains, je l'avoûrai, le bruit et les combats :
Mais je craindrois bien plus en ne vous voyant pas.

SAUL.

Mes filles, c'est assez, j'aime à voir votre zele :
Vous, madame, à mes lois montrez-vous moins rebelle.
Abandonné, trahi, sans armes, sans soldats,
Je n'ai presque avec moi qu'Abner et Jonathas.
Je crains du ciel armé l'implacable vengeance;
Contre ses saintes lois vous savez notre offense.
Samuel aux Hébreux défendit qu'en ce lieu
L'on présentât, sans lui, le sacrifice à Dieu :
Cependant fatigué d'une trop longue attente,
Et déja mes soldats prenant tous l'épouvante,
J'ai cru devoir enfin m'empresser de l'offrir;
Mon fils, impatient de vaincre ou de périr,
Et vers l'autel fatal conduisant la victime,
Hâtoit de nos guerriers l'offrande illégitime.
Le ciel nous a marqué l'excès de son courroux;
La victime a long-temps résisté sous les coups;

Aucun sang n'est sorti de ses veines ouvertes;
Le couteau s'est brisé, présage de nos pertes,
Et le feu, par trois fois allumé vainement,
A refusé trois fois, la vie et l'aliment.
Interdits, étonnés, nous gardions le silence,
Quand à nos yeux surpris le prophète s'avance,
Et plein du Tout-Puissant, contre nous en fureur,
De nos coupables soins nous reproche l'horreur.
En vain, priant le ciel d'oublier mon offense,
J'ai répandu depuis mon ame en sa présence;
Il semble à nos malheurs refuser son appui,
Et m'avoir pour jamais rejeté loin de lui.
Cependant un transfuge a pris soin de m'apprendre
Qu'aujourd'hui l'ennemi s'attend à nous surprendre;
Que par d'obscurs chemins, et sans bruit m'attaquant,
Il doit avec le jour paroître dans mon camp.
Ne vous exposez point à ce péril funeste;
Sauvez-vous; sauvez-moi le seul bien qui me reste,
Et ne nous couvrons point de l'opprobre éternel,
Qu'on ait chargé de fers la reine d'Israël.

ACHINOAM.

Ah, seigneur! près de vous, nul danger ne m'étonne.

SAUL.

Non, madame, partez, il le faut, je l'ordonne:
J'ai déja trop long-temps partagé vos douleurs;
Cessez de me montrer ma foiblesse et vos pleurs.
Adieu: j'espere encor que le ciel pitoyable
Voudra bien nous prêter une main secourable.
Au prix de tout mon sang je soutiendrai son choix;
Il saura protéger le premier de vos rois:
Cependant, si la mort tranche ma destinée,
Prenez soin de ces fruits d'un heureux hyménée;
Ne les dispersez point chez le peuple étranger,
Donnez-leur des époux qui puissent nous venger.
Mes filles! honorez la reine votre mere;
Du Dieu que nous servons redoutez la colere;

Il est l'unique Dieu que l'on doit adorer ;
Craignez plus que la mort de vous en séparer :
Que ses lois dans vos cœurs soient à jamais em-
preintes !
Allez, et cachez-moi vos soupirs et vos plaintes :
Daigne le ciel, sur vous prodiguant ses bienfaits,
Rendre leur cours durable au gré de mes souhaits !
Puissent vos jours sereins ignorer la tristesse,
Et vos félicités égaler ma tendresse !

MICHOL.

Ah, mon pere !

MÉROB.

Ah, seigneur !

SAUL.

Il suffit. Laissez-moi.

ACHINOAM.

Non, je ne puis souscrire à cette dure loi ;
Je préfere la mort aux crüelles alarmes...

SAUL.

Le prophète paroît ! cachez du moins vos larmes.

SCENE III.

SAMUEL, SAUL, ACHINOAM, MEROB, MICHOL.

SAMUEL.

Ecoutez-moi, Saül, et recevez les lois
Que le Dieu d'Israël vous dicte par ma voix.
Marchez aux ennemis ; calmez, s'il est possible,
Du ciel qui vous poursuit la vengeance terrible ;
La victoire est pour vous, leurs projets seront vains ;
Courez, le Dieu vivant les livre dans vos mains :
Faites-en à sa gloire un sanglant sacrifice ;
Que sous le fer tranchant tout meure, tout périsse ;
Et qu'avant que la nuit obscurcisse les cieux,

Le dernier Philistin disparoisse à ses yeux !

SAUL.

Oui, je suivrai bientôt ses volontés sacrées;
Rassemblons seulement mes troupes égarées;
Six cents hommes à peine avec moi demeurés
De leurs vaines frayeurs ne sont pas rassurés.
Le reste est fugitif, mais bientôt sous les armes
Nous verrons leur fureur démentir leurs alarmes:
Par cet ordre divin dissipons leur effroi,
Et que tout Israël...

SAMUEL.

Quand je vous ai fait roi,
Prince, vous ai-je appris cette vaine prudence
Qui sur l'ordre du ciel emporte la balance?
N'est-ce donc pas assez que déja contre vous
Un fatal sacrifice allume son courroux?
Par votre peu de foi, redoublant vos offenses,
Voulez-vous couronner vos désobéissances?
Celui de qui la voix enfanta l'univers,
Qui peut anéantir et la terre et les mers,
Vous ordonne, par moi, de courir à la gloire;
Et votre cœur tremblant doute de la victoire?
Il faut, pour relever votre espoir abattu,
Rassembler des fuyards sans ame, sans vertu?
Vous voulez, ralliant ces troupes alarmées,
Les donner pour secours au grand Dieu des armées?
Ah! sans mettre sa gloire en de si viles mains,
Les Anges rempliront ses ordres souverains:
Il remettra pour nous sa vengeance au tonnerre;
Il armera les vents; il ouvrira la terre;
Tel qu'au jour où, frappant cinq rois audacieux,
Il suspendit le cours des deux flambeaux des cieux,
Et de l'Amorréen confondit la puissance:
Tel son bras foudroyant prendra notre défense.
Mais non, il daigne encor suspendre son courroux;
L'épouvante et l'horreur vont marcher devant vous.

Déja...Que vois-je! ô ciel! Dieu saint! Dieu formidable!
Qu'offrez-vous à mes yeux? quelle main redoutable,
Terrassant pour jamais l'orgueil des Philistins,
Fait de leur sang impur rougir les champs voisins?
Qui sont ces deux héros dont l'audace guerriere
Les a teints du carnage et couverts de poussiere?
La mort est dans leurs mains, tout tombe sous leurs coups:
Tu triomphes, Jacob, le ciel s'arme pour nous.
Allez, courez, Saül, la victoire est certaine;
De l'ennemi troublé la résistance est vaine;
Tout tremble, je vois fuir ses soldats éperdus;
Paroissez, montrez-vous, ils seront confondus.

SCENE IV.

SAMUEL, SAUL, ACHINOAM, MÉROB, MICHOL, PHANÈS.

PHANÈS, à Saül.

Seigneur, je vous apporte une heureuse nouvelle;
L'effroi regne par-tout dans l'armée infidelle;
Soutenez les exploits du vaillant Jonathas.

ACHINOAM.

O ciel!

SAUL.

Mon fils!

PHANÈS.

Abner accompagne ses pas.
Tantôt de leur départ pénétrant le mystere,
J'appréhendois le fruit d'un dessein téméraire;
Curieux, je les suis, et par un prompt succès
La nuit chez l'ennemi leur ouvre un libre accès;
Tout dormoit dans le camp, et la garde troublée
Par leurs vaillantes mains est bientôt immolée:

« Suivons, dit Jonathas, nos glorieux destins;
« Abner, vive Israël, meurent les Philistins! »
Tout s'éveille, et chacun ne sachant que résoudre,
Tous semblent à l'instant éveillés par la foudre;
Tous demeurent glacés de surprise et d'horreur:
Enfin soit par l'effet d'une vaine terreur,
Soit que la nuit trompant une foule alarmée,
Ils pensent voir sur eux fondre toute une armée;
Ou plutôt, Dieu jetant aux cœurs de leurs soldats
L'aveugle esprit d'erreur, les frayeurs du trépas,
Tout fuit, et le désordre augmentant leurs alarmes,
Contre eux leurs bras tremblants tournent leurs propres armes;
Je m'offre à Jonathas; il me voit, et d'abord,
« Cours au roi, m'a-t-il dit, apprends-lui notre sort;
« Qu'il pardonne à mon âge une ardeur fortunée,
« Dieu remet à son bras cette grande journée;
« L'ennemi de ses coups ne peut se garantir;
« Laisse-nous, hâte-toi, va, pars, cours l'avertir. »

SAMUEL.

Oserez-vous encor balancer à me croire?

SAUL.

Allons tout réparer en courant à la gloire.

SAMUEL.

L'Arche suivra vos pas, mais qu'aucune pitié
Ne pardonne aux objets de notre inimitié;
Prince, Dieu veut par vous, terminant cette guerre,
Que leur nom soit par vous effacé de la terre:
Si l'un d'eux est soustrait au céleste courroux,
Votre ame en répondra, leur sang sera sur vous:
Courez anéantir leur criminelle audace.

SAUL.

Engageons mes soldats par la même menace.
Peut-être leur pitié trahiroit mes desseins:
Mais puisqu'il faut que rien n'échappe de nos mains,
Je jure que quiconque avant la nuit obscure

Osera se donner la moindre nourriture,
Que ces fiers ennemis, pour nous perdre assemblés,
Au Dieu que nous vengeons ne soient tous immolés;
Dût sur mon propre sang retomber la tempête,
La mort du Philistin tombera sur sa tête.
Allez, courez, Phanès, et que tout Israël
Apprenne par vos soins ce serment solennel.

SAMUEL.

Vous pouviez les soumettre à cette loi sévere
Sans exposer leurs jours par un vœu téméraire.
Mais ce qu'on voue au ciel ne se peut rétracter.

SAUL.

Je saurai le tenir, quoi qu'il doive en coûter.
(à la reine.)
Madame, il n'est plus temps de prendre des alarmes;
Adieu, je cours venger notre honte et vos larmes.

ACHINOAM.

Allez, prince, et bientôt triomphant, glorieux,
Venez, vous et mon fils, vous montrer à mes yeux.

FIN DU PREMIER ACTE.

ACTE II.

SCENE PREMIERE.

ACHINOAM, MÉROB, MICHOL, PHANÈS.

PHANÈS, à la reine.

Oui, madame, le ciel remplira notre attente;
Notre armée a par-tout répandu l'épouvante :
Tantôt, à nos soldats, le roi quittant ces lieux,
Fait prêter le serment qu'il a fait à vos yeux.
Nous allons, et trouvons des troupes éperdues,
Tremblantes de frayeur, de honte confondues :
La joie et le courage échauffent nos esprits,
Jusqu'au mont d'Ephraïm l'air emporte nos cris;
Les Hébreux, qui, cachés sous ses épaisses roches,
Du Philistin altier avoient fui les approches,
Sortent, viennent à nous, et nos communs efforts
Couvrent bientôt les champs de mourants et de morts:
Nos ennemis, en proie à de justes alarmes,
Se sauvent en désordre, abandonnent leurs armes :
Comme l'on voit les flots l'un par l'autre chassés,
Au bord qui les retient se briser repoussés;
Ainsi les Philistins, que leurs frayeurs dispersent,
Courent, hâtent leurs pas, se pressent, se renversent,
Et souvent la terreur qui les aveugle tous
Les présente abattus au-devant de nos coups.
Notre armée en fureur, à son serment fidele,
N'en veut laisser aucun échapper à son zele;

Et le roi, ne pouvant, avant la fin du jour,
Se flatter de se voir près de vous de retour,
M'ordonne de vous dire à quelle gloire extrême...

ACHINOAM.

On vient, Phanès.

PHANÈS.

Que vois-je?

SCENE II.

SAUL, JONATHAS, ACHINOAM, MÉROB, MICHOL, PHANÈS.

ACHINOAM, à Saül.

Ah, seigneur, c'est vous-même!
Mon cœur n'a donc enfin plus rien à redouter?
Ma joie et mes transports peuvent donc éclater?
Par vous des Philistins le ciel confond l'audace;
Au trône du Très-Haut vous avez trouvé grace,
Son suprème pouvoir en vos mains est remis;
Vous triomphez, seigneur! et vous aussi, mon fils!
O glorieuse épouse! ô trop heureuse mere!
Quel souhait désormais me reste-t-il à faire?...
Mais quel ennui profond est marqué dans vos yeux?
Quel chagrin obscurcit votre front glorieux?
Vous soupirez, seigneur, ah! rompez ce silence.
Le ciel a-t-il trahi notre juste espérance?
Abusiez-vous, Phanès, mes crédules esprits?
Et le Dieu de Jacob est-il sourd à mes cris?

SAUL.

Non, madame, Israël remporte la victoire,
Le ciel et Jonathas nous ont comblés de gloire;
Phanès vous a parlé de la part de son roi.

ACHINOAM.

Quel malheur cause donc le trouble où je vous voi?

SAUL.

Ecoutez, et jugez du trouble qui m'agite :
Le Philistin cherchoit son salut dans la fuite,
Ses soldats sous nos coups expiroient terrassés,
Et dans leur lâche sang nageoient leurs corps glacés,
Quand j'apprends que plusieurs, évitant leur défaite,
Dans les bois d'Ajalon ont choisi leur retraite.
On me le dit, j'y cours, l'armée y suit mes pas,
Lorsque, près d'y porter la flamme et le trépas,
Le prophète en fureur s'oppose à mon passage :
« Arrête; crains, dit-il, d'avancer davantage,
« L'éternel irrité s'est retiré de toi,
« Et quelqu'un dans l'armée a trangressé sa loi :
« Avant que de remplir son ordre et ta vengeance,
« Cherche et livre à la mort le traître qui l'offense,
« Ou Dieu, par ton trépas, punissant tes refus,
« Passera contre toi du côté des vaincus.
« Retourne, ajoute-t-il; le ciel à ma priere
« Nous apprendra quel crime allume sa colere. »
Il dit, et par ces mots, arrêtant Israël,
Fait retourner au camp l'arche de l'éternel.
Un bruit séditieux s'éleve dans l'armée,
Abner court appaiser leur colere allumée,
Tandis que de regret et de crainte saisis,
Nous regagnons ce camp, de ma garde suivis.

ACHINOAM.

A d'éternels ennuis ainsi livrés en proie,
Toujours quelque frayeur corrompra notre joie :
Ciel! quel nouvel oracle est donc près d'éclater?
Mais à quelle terreur me laissé-je emporter?
Si quelqu'un des soldats, trahissant votre gloire,
Par un crime secret a souillé sa victoire,
Devons-nous en répondre aux yeux du Tout-puissant?
Non, non, de ce forfait son peuple est innocent;
Rien n'en obscurcira la splendeur immortelle.

JONATHAS.

Rien ne l'obscurcira s'il demeure fidele.
Mais la gloire promise à notre nation
Ne se doit accorder qu'à sa soumission.
Méritons que pour nous, prodigue de miracles,
Le ciel daigne remplir nos vœux et ses oracles.
L'un de nous a péché, cherchons le criminel,
Qu'il tombe dès ce jour sous le couteau mortel :
La gloire, le devoir, le ciel inexorable,
Tout nous prescrit la loi d'immoler le coupable.
Mon cœur même est troublé par de secrets soupçons,
Et nos justes frayeurs n'ont que trop de raisons.
Jadis du lâche Achan l'avarice assouvie
Alloit perdre Israël s'il n'eût perdu la vie.
Périsse le coupable, et courons achever
D'abattre un ennemi qui peut se relever;
Ne nous repaissons point de la gloire imparfaite
Qu'a répandu sur nous sa derniere défaite :
Ses plus braves soldats par nous sont abattus ;
Mais il en reste à vaincre, oublions les vaincus.
Sous vos ordres, seigneur, par leur retraite obscure
Tous les Hébreux iront en purger la nature.

SAUL.

Voyons auparavant notre trouble éclairci ;
Samuel nous dira quel est... mais le voici.

SCENE III.

SAMUEL, SAUL, JONATHAS, ACHINOAM, MÉROB, MICHOL, PHANÈS.

SAUL, à Samuel.

Le ciel s'explique-t-il ? que venez-vous m'apprendre ?

SAMUEL.

L'Eternel a parlé, j'ai frémi de l'entendre ;

Je l'ai vu formidable, et plein de son courroux,
Me reprocher les pleurs que je versois pour vous;
Vainement pour fléchir sa grandeur offensée
J'ai rappelé le cours de sa bonté passée:
Du choix qu'il fit de vous, contraint au repentir,
La foudre de ses mains alloit bientôt partir:
Je suis tombé, saisi de douleur et d'alarmes,
Et tremblant, et baignant la terre de mes larmes,
J'ai prié le Très-Haut de détourner sur moi
Les horribles malheurs qui menaçoient mon roi.
« Leve-toi, m'a-t-il dit, ta priere m'offense,
« Tu prétends vainement détourner ma vengeance;
« Un crime tout nouveau souille encor Israël. »

SAUL.

Ah! quel crime? achevez, nommez le criminel;
J'atteste le Seigneur qu'un supplice terrible
Satisfera bientôt son courroux inflexible:
Oui, je le jure encore, à ce Dieu qui m'entend;
Puisse, si cet arrêt se change ou se suspend,
Le Philistin vainqueur voir sa rage assouvie,
Et m'arracher un jour la couronne et la vie!

SAMUEL.

Le crime m'est connu, vous allez le savoir:
Mais j'ignore quel lâche a trahi son devoir,
Et bientôt dans ces lieux vos troupes rassemblées
Vont sortir des frayeurs dont elles sont troublées;
Pour connoître quel traître a mérité la mort,
Aux yeux de tous les Juifs je dois jeter le sort;
Et Dieu veut que vous-même ordonniez le supplice
De celui dont le crime irrite la justice.

SAUL.

Il mourra. Mais quel crime enfin a-t-on commis?

SAMUEL.

Tantôt prêt à marcher contre nos ennemis,
Vous avez fait serment qu'avant la nuit obscure
Si quelqu'un se donnoit la moindre nourriture

Que tous les Philistins ne fussent immolés,
Son trépas vengeroit vos serments violés;
L'un de vous n'a pas craint cet ordre redoutable.

JONATHAS, à part.

Juste ciel!

SAUL.

Ah! courons, et cherchons le coupable.

SAMUEL.

Il a plus fait encor, son cœur s'est révolté;
Il a de vos décrets bravé l'autorité;
Au murmure, au mépris sa bouche s'est ouverte.

SAUL.

Ciel!... mais courons hâter ma vengeance et sa perte.
Toi, Phanès, sur celui qu'accusera le sort,
Exécute l'arrêt qui le livre à la mort;
Qu'aux honneurs de la tombe il ne puisse prétendre,
Et qu'on refuse même un asile à sa cendre.
Allons...

JONATHAS.

Sans assembler les troupes d'Israël,
Je connois et vous vais livrer le criminel.
Oui, Phanès, que ta main dans son sang soit trempée;
Approche, et dans mon sein, viens, plonge ton épée.

PHANÈS.

Seigneur!

JONATHAS.

Frappe, que rien ne retienne ton bras.

MICHOL.

Ciel!

SAMUEL.

Qu'entends-je!

ACHINOAM.

Mon fils!

MÉROB.

Mon frere!

SAUL.

Jonathas !

JONATHAS.

Oui, c'est moi, malheureux, dont le crime funeste
Vient d'armer contre vous la vengeance céleste;
J'ignorois le serment qui nous a tous liés,
Et frappant les vaincus, tremblants, humiliés,
J'ai senti ma main lasse, et ma force abattue,
Lorsqu'un rayon de miel s'est offert à ma vue :
Déja j'avois porté ce poison dans mon sein
Quand un soldat m'apprend votre ordre souverain :
Je l'avoue à vos pieds, ma bouche téméraire
A murmuré, seigneur, de cette loi sévere;
Vous m'en voyez saisi de honte et de regret;
Mon cœur s'étoit flatté qu'un murmure indiscret
N'étoit contre le ciel qu'une légere offense :
Je connois mon erreur, prenez votre vengeance.
Malheureux, qu'un forfait doive trancher mon sort!
Trop heureux si je puis m'en laver par la mort!

SAUL.

Qu'avez-vous fait, mon fils?

SAMUEL.

Toi qui punis nos crimes,
Grand Dieu! que tes conseils sont de profonds abîmes!
Qu'ils ont d'obscurité pour nos foibles esprits!
Quelquefois d'un forfait un second est le prix ;
Souvent les traits vengeurs que lance ta colere
Punissent dans le fils l'iniquité du pere,
Et ta main, nous cachant tes redoutables coups,
Confond notre justice, et remplit ton courroux.
Tremblez, Saül, tremblez; l'Éternel inflexible
Appesantit sur vous sa main juste et terrible.
D'un sacrifice offert contre son ordre expres
Qui sait si vos malheurs ne sont pas les effets?
Sa fureur est déja prête à se satisfaire

Et d'un doute coupable, et d'un vœu téméraire.
Déja le coup fatal qu'il vous porte aujourd'hui
Du trône où vous régnez va renverser l'appui :
Craignez, craignez enfin que, réprouvé vous-même,
Il n'ôte à votre front lé sacré diadême :
Qu'au milieu des horreurs d'un funeste revers
Votre chûte et nos maux n'étonnent l'univers :
Qu'ils n'apprennent par vous aux maîtres de la terre
Que leur rang ne les peut dérober au tonnerre ;
Que, forcés de subir des décrets éternels,
Ils ne sont devant lui que de simples mortels ;
Et qu'un roi n'est jamais digne de la couronne
Qu'autant qu'il fait régner le Dieu qui la lui donne.

SAUL.

Eh ! quels coups plus cruels sauroient-ils me porter?
Au comble du malheur qu'a-t-on à redouter?
Aux cœurs désespérés la menace est frivole :
J'aime un fils, je le perds ; que dis-je ! je l'immole :
Forcé d'exécuter mes serments inhumains,
Je plonge dans son sang mes parricides mains :
La mort à mon supplice est-elle comparable?

ACHINOAM.

Un crime si léger n'est-il pas pardonnable?

SAUL.

Rien ne peut le sauver; mon serment l'a perdu.

ACHINOAM.

Je frémis, juste ciel ! l'ai-je bien entendu?
Quoi ! le jour qu'Israël s'abandonne à la joie,
Réduite au désespoir, à ma douleur en proie,
Je verrai donc ce fils si cher, si glorieux,
Ce fils avec amour élevé sous mes yeux,
D'une barbare main éprouver la furie,
Et tomber dans son sang sans couleur et sans vie?
Je verrai par le fer ses membres déchirés
Sur le bûcher épars des flammes dévorés?
Sa mémoire en horreur, par moi seule gardée,

Et son nom défendu dans toute la Judée?
Tombe plutôt sur moi le céleste courroux!
Oui, mon fils, j'y consens, oui je mourrai pour vous.
Qu'une si douce mort aura pour moi de charmes!
Ciel! daigne l'accorder à mes vœux, à mes larmes;
Ne lui refuse pas ce généreux secours,
Et reçois tout mon sang pour le prix de ses jours.

MICHOL.

Rompez, seigneur, rompez le serment qui vous lie.

MÉROB.

Ecoutez nos soupirs et ceux de la patrie.

SAUL.

Hélas!

JONATHAS.

Ne formons point de desseins superflus.
Suivons du Tout-puissant les ordres absolus:
Son courroux redoutable, allumé par mon crime,
Veut que mon sang versé lui serve de victime:
Ma vie est en ses mains.

ACHINOAM.

Quel est votre forfait?
Dieu punit-il un mal que l'erreur seule a fait?

SAMUEL.

Ah! reine! où vous emporte une douleur funeste?
Vous osez attaquer la justice céleste!
Est-il donc un mortel assez audacieux
Pour condamner le Dieu de la terre et des cieux?
Apprenons, quel que soit l'effet de sa colere,
A céder, à souffrir, à trembler et nous taire.

JONATHAS.

Oui, cédons aux rigueurs d'une trop juste loi:
J'ai parlé sans respect des ordres de mon roi;
J'ai trahi son serment, nul espoir ne m'abuse:
L'ignorance est au crime une frivole excuse;
L'Eternel est terrible, immuable, jaloux,
Sans plainte et sans murmure adorons son courroux.

Et puis-je soutenir le soleil qui m'éclaire?
Le Dieu que je servois me voit dans sa colere;
Il me hait, et je vis! et ma juste douleur
N'a pas encor fini ma vie et mon malheur.
Je vis! et retranché de son peuple fidele,
Il ne voit plus en moi qu'un perfide, un rebelle,
Exclus des biens promis à notre nation,
Et l'objet qu'a proscrit sa malédiction.
Ah! d'une juste horreur mon ame possédée
Ne peut plus soutenir une pareille idée!
Seigneur, hâtez le coup qui doit finir mon sort,
Et par pitié du moins qu'on me livre à la mort.

ACHINOAM.

Non, vous ne mourrez point, l'Eternel moins sévere
Conservera ce bras à l'état nécessaire;
Ce bras qui, jeune encore, a tant de fois vaincu.

JONATHAS.

Déplaire à l'Eternel, c'est avoir trop vécu.
(au roi.)
J'entends, seigneur, j'entends votre cœur qui murmure:
Mais Dieu parle, étouffez la voix de la nature;
Abandonnez un fils à soi-même odieux,
Même indigne des pleurs qui coulent de vos yeux:
Seulement consolez une mere éplorée,
Et hâtez une mort déja trop différée:
Phanès achevera d'exécuter.....

PHANÈS.

Qui, moi?
Que je porte la main sur le fils de mon roi!
Seigneur, si mes refus sont pour vous une offense,
Punissez par ma mort ma désobéissance:
J'en attendrai l'arrêt, trop heureux d'expirer
Pour ne point voir le coup qu'on va vous préparer!
(il sort.)

SCENE IV.

SAUL, JONATHAS, ACHINOAM, MÉROB, MICHOL, SAMUEL.

SAUL.

Etes-vous satisfait, Dieu vengeur, et ma peine
Est-elle assez cruelle au gré de votre haine?
Quel cœur outré d'ennuis, et d'horreur pénétré,
Par des troubles pareils fut jamais déchiré?
A violer mon vœu si j'ose me résoudre;
Sur mon peuple et sur moi j'entends gronder la foudre;
Si je tiens ce qu'au ciel mes serments ont promis,
Je plonge le poignard dans le sein de mon fils:
Que je suive mon zele, ou cede à la nature,
Je deviens malgré moi parricide ou parjure....
Cependant mon devoir est toujours le plus fort.
Jonathas a péché, je souscris à sa mort:
Mais avant que du ciel je serve la vengeance,
Essayons, s'il se peut, d'émouvoir sa clémence:
S'il me force à tenir mon funeste serment,
Samuel me verra céder aveuglément:
J'en mourrai, mais du moins qu'en cet état horrible
Lui-même soit chargé d'un arrêt si terrible,
Et qu'on ne force pas un pere malheureux
A prononcer d'un fils le trépas rigoureux.

SAMUEL.

Je gémis contre vous de cet arrêt sévere:
Mais enfin oubliez le tendre nom de pere;
Souvenez-vous du jour terrible et solennel
Qu'Abraham sur son fils leva le fer cruel.
Retracez-vous Jephté dans un état semblable,
Dévorant en secret la douleur qui l'accable;

Et, de quelque pitié qu'il se sente toucher,
Lui-même de sa fille ordonnant le bûcher.
Armez-vous, dans ce jour, d'une égale constance.

SAUL.

Ah ! ne m'arrachez point un reste d'espérance,
Aux pieds de l'Eternel daignez guider nos pas.

SAMUEL.

Allons.

ACHINOAM.

Venez, mon fils, je ne vous quitte pas.
Le ciel va nous sauver, ou perdre l'un et l'autre,
J'entendrai mon arrêt en écoutant le vôtre ;
Et si de votre vie on éteint le flambeau,
Nous descendrons tous deux dans le même tombeau.

FIN DU SECOND ACTE.

ACTE III.

SCENE PREMIERE.

JONATHAS, ABNER.

JONATHAS.

Laissons-les ; ma vertu n'est que trop affoiblie;
Devant leur désespoir ma constance s'oublie.
Mon pere prosterné tâche à cacher ses pleurs,
Et la reine sans voix succombe a ses malheurs,
Tandis que, pour calmer ses mortelles alarmes,
Mes sœurs, en l'embrassant, la baignent de leurs larmes.
Le ciel, par son silence, explique ses refus,
Et pour moi Samuel fait des vœux superflus.
Quel changement, Abner! tantôt comblé de joie
De voir nos ravisseurs devenus notre proie,
Tout sembloit s'être uni pour remplir mes desirs :
Mon cœur rassasié nageoit dans les plaisirs;
J'osois l'abandonner à la flatteuse idée
Que Dieu sauvoit par moi les peuples de Judée ;
Et, quand je suis peut-être au faîte des honneurs,
J'ai fait un crime, Abner, je l'expie et je meurs!

ABNER.

Vous mourez? vous, seigneur! vous de qui la victoire
A de ce jour terrible éternisé la gloire!
Du premier de nos rois l'appui, le digne fils,

Vous, l'éternel effroi de tous nos ennemis ;
Vous mourez, dites-vous ! et quelle main perfide
Voudra porter sur vous sa fureur homicide ?
Non, quel que soit l'arrêt qui vous livre à la mort,
Vous vivrez, je réponds ici de votre sort ;
Bientôt....

JONATHAS.

Arrête, Abner, jusqu'où va ton audace ?
Quel mortel peut parer le coup qui me menace ?
Celui qui me poursuit commande à l'univers,
Sous lui frémit le ciel, et tremblent les enfers ;
La mort, toujours aveugle et toujours inflexible,
Est de ses volontés le ministre terrible :
Il commande, elle frappe, et tes projets sont vains
Quand l'Eternel me livre en ses barbares mains.

ABNER.

Loin de vous y livrer, il inspire à l'armée
L'audace et la fureur dont elle est animée ;
Il répand dans nos cœurs le dessein glorieux
De vous soustraire aux coups d'un trépas odieux,
De trahir de Saül la volonté suprême,
Et de sauver vos jours, seigneur, malgré vous-même.

JONATHAS.

O ciel !

ABNER.

Il n'est plus temps de rien dissimuler ;
Nos soldats ont appris qu'on veut vous immoler,
Et tous ont protesté d'abandonner la vie
Plutôt que de souscrire à cette barbarie ;
Si les prêtres, le peuple, osent leur résister,
Le fer décidera qui le doit emporter.
Quoi qu'il en soit, seigneur, prêts à tout entreprendre,
Jusqu'au dernier soupir nous saurons vous défendre.

JONATHAS.

Ah cruel! est-ce ainsi qu'il faut me secourir?
Eh! que prétendez-vous?....

ABNER.

Vous sauver, ou périr.
Quoi donc! quand votre bras, surmontant mille obstacles,
Par-tout où vous courez enfante des miracles;
Quand vos exploits, rendant votre nom immortel,
Viennent d'ensevelir la honte d'Israël,
Après avoir vers nous rappelé la victoire,
Pour fruit de vos travaux, pour prix de notre gloire,
Un sacrilége acier vous ouvrira le flanc!
Nos lauriers seront teints d'un si précieux sang!
Non, dût sur moi le ciel épuiser sa furie,
Mon zele audacieux répond de votre vie;
Le roi même, malgré son injuste rigueur,
Nous en applaudira dans le fond de son cœur:
Trop heureux que, sauvé de commettre un parjure,
On le force à céder aux lois de la nature!

JONATHAS.

Trop de zele t'aveugle, Abner! me connois-tu?
Parle! me crois-tu donc assez peu de vertu?
Penses-tu que la mort me cause tant d'alarmes,
Et que pour moi la vie ait de si puissants charmes,
Qu'aux dépens de ma gloire, avare de mes jours,
Je veuille par un crime en prolonger le cours?
Ah! si, pour me sauver, vos troupes emportées
S'obstinent au projet qui les ont revoltées,
Ce bras, vengeant le ciel et soutenant son roi,
Préviendra des desseins...

ABNER.

Commencez donc par moi
Allez, teint de mon sang, immoler des rebelles
Qui ne le seroient pas s'ils étoient moins fideles:
Contre tous nos guerriers armez votre courroux.

Punissez leur tendresse et leur zele pour vous;
Partez, courez en faire un barbare carnage;
Immolez tant d'amis dont l'amour, le courage
Dans les plus grands périls vous ont prouvé leur foi;
Ils ont appris à voir le trépas sans effroi;
Ne craignez de leur part ni plainte ni murmure,
Allez : mais n'écoutez ni pitié, ni nature;
S'il en échappe un seul à votre cruauté,
Je réponds de son zele et de sa fermeté;
Sans que crainte, respect, ni devoir le retienne,
Pour sauver votre vie il donnera la sienne,
Et d'une noble ardeur n'écoutant que la voix,
Il osera s'armer contre vos propres lois.

JONATHAS.

Grand Dieu, qui vois mon cœur et l'horreur qui l'accable,
Lance sur moi des cieux ta foudre redoutable;
Remets en ce moment ta vengeance à ton bras,
Et préviens, par ma mort, de si noirs attentats.
Mais j'aperçois Mérob.

SCENE II.

JONATHAS, MÉROB, ABNER.

JONATHAS.

Dois-je aller au supplice,
Ma sœur? n'est-il pas temps que mon trouble finisse?

MÉROB.

Ah! mon frere, le ciel est pour vous sans secours,
Et vous seul, cher Abner, pouvez sauver ses jours.
Joignez-vous à l'armée, au peuple qui murmure;
Tout l'abandonne, hélas! la pitié, la nature;
Il va périr, il meurt, si, par un noble effort,
Votre amour ne l'arrache à son malheureux sort:

L'Eternel implacable a gardé le silence,
Et mon pere est contraint à servir sa vengeance;
Du trépas de son fils il a donné l'arrêt,
Le bûcher est dressé, le fer est déja prêt....

JONATHAS.

La victime à l'autel tarde trop à se rendre.
Allons...

ABNER.

Ah! demeurez...

JONATHAS.

Qu'osez-vous entreprendre?
C'en est trop, respectez le fils de votre roi.
Je vous défends, Abner, de marcher après moi;
L'amitié, jusqu'ici retenant ma colere,
M'a fait souffrir de vous un discours téméraire:
Mais je n'écoute plus d'amis, ni d'alliés;
Le ciel parle, mon cœur les a tous oubliés:
Jusqu'au dernier moment méritez mon estime,
Et ne me forcez point, en commettant un crime,
A traiter les auteurs de vos hardis projets
Comme l'on doit traiter de rebelles sujets.

(il sort.)

MÉROB, à Abner.

Ne l'abandonnez pas, sauvez-le de lui-même.

SCENE III.

JONATHAS, MÉROB, ABNER, PHANES.

PHANÈS.

Seigneur, de tout l'Etat le péril est extrême.

JONATHAS.

Ah! je connois, Abner, ton funeste secours:
Parlez, Phanès.

PHANÈS.

Le camp, alarmé pour vos jours,
Sur les projets d'Abner fondoit quelque espérance :
Mais nos soldats, cédant à leur impatience,
Les armes à la main, le courroux dans les yeux,
Viennent, comme un torrent, de fondre dans ces lieux;
Par des cris menaçants irritant leur furie,
Tous s'exhortent ensemble à vous sauver la vie ;
Le zele et la colere ici guident leurs pas ;
Et par-tout l'on entend, grace pour Jonathas.
Déja les plus hardis ont, d'un bras formidable,
Renversé du bûcher l'appareil redoutable,
Tandis qu'auprès du roi, les autres à genoux,
Demandent en pleurant d'être immolés pour vous.
J'ignore de quel œil le roi voit ce spectacle :
Mais comment pourroit-il vouloir y mettre obstacle ?
Son sang parle pour vous, remplissez tous nos vœux.
Vivez...

JONATHAS.

Ciel ! que je trempe en ce complot affreux !
Que l'on mêle mon nom à celui de ces traîtres !

PHANÈS.

Vous résistez en vain, seigneur, ils sont les maîtres.
Ce qu'ils ont entrepris ils sauront l'achever,
Et jusque dans ces lieux ils vont vous enlever.

JONATHAS.

A cet horrible excès porter la violence !
Ah ! courons prévenir une telle insolence;
Le ciel finit mon trouble et veut bien m'éclairer :
Livrons-nous aux projets qu'il daigne m'inspirer,
Remplissons des soldats l'ardeur impatiente,
Ils me verront : je vais surpasser leur attente.

(à Phanès.)

Vous, Abner, demeurez... Toi, ne me quitte pas.

MÉROB.

Quoi qu'il ordonne, allez, suivez par-tout ses pas.

ABNER.

Reposez-vous sur moi du soin de le défendre.
Tant que j'aurai du sang que je pourrai répandre,
On prendra contre lui d'inutiles desseins,
La foudre le peut seul arracher de mes mains.

MÉROB.

Ce n'est dans nos malheurs qu'en vous seul que j'espere;
Allez : le roi paroît, évitez sa colere.

SCENE IV.

SAUL, ACHINOAM, MÉROB, MICHOL.

SAUL, à la reine.

Non, quoi qu'à mon courroux vous puissiez op-
poser,
Leur insolent orgueil ne sauroit s'excuser;
Quoi ! couvrant leur fureur d'un zele sacrilége,
Et bravant de mon rang le sacré privilége,
Ils oseront tenter de me faire la loi!
Des rebelles sujets insulteront leur roi!
Ah! bientôt...

ACHINOAM.

Eh! de grace! avec plus d'indulgence
Daignez envisager leur désobéissance:
Ils s'efforcent, seigneur, d'arracher au trépas
Leur amour, notre espoir, votre fils Jonathas;
Ils veulent vous sauver aux horreurs éternelles
D'avoir dans votre sang trempé vos mains cruelles.

SAUL.

Non, non; vous ignorez jusqu'où vont leurs projets,
Et leur révolte impie a bien d'autres objets:

Toujours ce peuple ingrat, séditieux, volage,
Eut la rebellion et l'audace en partage.
Contre leurs souverains prompts à se soulever,
En fut-il que les Juifs n'oserent point braver?
Lassés que Samuel eût le pouvoir suprême,
Ces ingrats l'ont forcé de l'abdiquer lui-même.
Je regne, et le pouvoir en mes mains confié
M'est par ces mêmes Juifs maintenant envié:
Ils prennent aujourd'hui l'occasion offerte,
Moins pour sauver mon fils que pour hâter ma perte.
C'est pour eux un prétexte à s'armer contre moi,
Ils l'auroient condamné s'il eût été leur roi:
Mais mon juste courroux trompera leur attente.
Nos lévites, rangés autour de cette tente,
Par mes ordres secrets s'arment pour les punir;
Leur tribu tout entiere avec eux va s'unir,
Benjamin s'y joindra. Que ce jour formidable
Ramene le grand jour où Moïse implacable,
Pour punir les Hébreux du veau d'or élevé,
Ordonna qu'en leur sang leur crime fût lavé:
Que Lévi, me vengeant de ses freres perfides,
Ensanglante ses bras de nouveaux parricides!
Qu'il soutienne sa gloire et mon autorité!
Qu'il obéisse au ciel justement irrité!
Et que, semant ce camp de morts et de carnage,
Il tâche d'égaler la vengeance à l'outrage.

ACHINOAM.

Eh bien, seigneur! suivez un dangereux courroux:
Mais quel succès funeste en recueillerez-vous?
Vous allez, enivré d'une aveugle vengeance,
De vos heureux sujets troubler l'intelligence;
De ce jour glorieux obscurcir tout l'éclat;
De vos meilleurs soldats épuiser votre état;
Donner à leur révolte un motif légitime;
Les armer contre vous, les enhardir au crime;
Ranimer les vaincus par vos faits effrayés;

Et peut-être attirer les maux que vous fuyez :
Mais quand, maître absolu de votre destinée,
Vous verriez la fortune à vos vœux enchaînée,
D'un projet qu'au hasard la colere a produit
Voyez, seigneur, voyez quel doit être le fruit.
Votre fils... à ce nom, votre cœur plus timide
Voudra-t-il suivre encor la fureur qui le guide ?
Votre malheureux fils, sanglant, défiguré,
Sur le bûcher funeste, à vos yeux déchiré...

SAUL.

Ah ! madame ! cessez d'étonner mon courage,
Détournez de mes yeux cette sanglante image ;
Ne songeons qu'à punir de rebelles soldats,
Courons les immoler... Mais que fait Jonathas ?
Pres de moi dans ces lieux il auroit dû se rendre.
(à Mérob.)
L'avez-vous vu ?

MÉROB.

Seigneur, je n'ose vous l'apprendre...
Les Hébreux...

SAUL.

Achevez.

MÉROB.

Révoltés, furieux,
Ont porté jusqu'ici leurs pas séditieux :
Tous, frappés de l'horreur du fatal sacrifice,
Prétendoient enlever Jonathas au supplice.
J'ignore quel projet il a pu méditer :
Mais parmi ces mutins il s'est allé jeter.

SAUL.

Ciel ! qu'entends-je ?... mais non, sa vertu m'est connue ;
Dans d'aussi grands périls elle s'est soutenue ;
Jonathas ne s'est point révolté contre moi ;
Lui-même il confondra...

SCENE V.

SAUL, ACHINOAM, MÉROB, MICHOL, ABÑER.

ABNER, à Saül.

Ton fils n'est plus à toi,
Prince! de tes soldats l'élite redoutable
Lui fait de leur courage un rempart formidable;
Pour aller jusqu'à lui tu dois avec terreur
Sur eux et sur leur chef assouvir ta fureur....

SAUL.

Oui, les traîtres mourront; oui, leur chef infidele
Payera de son sang son audace rebelle;
Nommez-le-moi, sa mort remplira mon courroux
La Tribu de Lévi va se joindre avec nous...

ABNER.

Tu t'abuses, Saül; quoi que ta fureur tente.
Un malheureux succès trompera ton attente;
Les mutins plus nombreux ne seront point domtés
Pour ce rebelle chef qui les a révoltés:
Quand tu le connoîtras, tu seras magnanime:
Son heureuse révolte est plus vertu que crime;
C'est en te trahissant qu'il te prouve sa foi.

SAUL.

Je lui pardonnerois! et quel est-il donc?

ABNER.

Moi.

SAUL.

Abner!

ABNER.

Moi, qu'à ton sang le sort, l'amitié lie,
Moi, qui perdrois le jour pour prolonger ta vie,

Et qui, de ta douleur pénétrant les secrets,
Veux prendre contre toi tes propres intérêts.
Je lis dans tes regards le courroux qui t'entraîne;
Mais suspends, pour m'entendre, une colere vaine,
Apprends ce qui m'anime, et connois mes desseins.
Le sceptre après ta mort peut tomber dans mes mains;
Jonathas y doit mettre un obstacle invincible;
Vois si l'ambition me trouve un cœur sensible,
Si l'amour de régner a sur moi du pouvoir!
Je veux sauver des jours qui m'en ôtent l'espoir.
Prends donc de ma révolte une plus noble idée,
Conçois de quelle erreur ton ame est possédée:
Te conserver ton fils est mon unique objet,
Tes soldats, comme moi, n'ont point d'autre projet.
Et je viens de leur part t'en donner l'assurance..
Un devoir si sacré nous tient-il lieu d'offense?
Mais daigne à mes discours un moment te prêter:
Que fait ton zele aveugle! où va-t-il t'emporter?
Tu leves sur ton fils un bras impitoyable.
Samuel, il est vrai, le déclare coupable:
Mais suffit-il pour nous qu'il prononce sa mort?
Samuel a-t-il droit de régler notre sort?
Par des signes affreux nous marquant sa colere,
Le Ciel a-t-il forcé notre ardeur à se taire?
Nos ennemis vainqueurs fondent-ils sur ces lieux?
Entendons-nous gronder la foudre dans les cieux?
Voyons-nous sous nos pas les campagnes brûlantes
Trembler, s'ouvrir, vomir des flammes dévorantes?
Ou des serpents de feu dans tout le camp épars,
Offrent-ils à nos yeux la mort de toutes parts?
Attendons, pour souscrire à ton ordre barbare,
Que contre Jonathas l'Eternel se déclare?
Mais quoi! pour votre fils faut-il vous attendrir?
Sans trouble et sans pitié le verrez-vous périr?...
Vous détournez les yeux, vous dévorez vos larmes!
Craignez-vous de vous rendre à de justes alarmes?

Ah! d'un courroux fatal, Prince, soyez vainqueur
Cédez au sang qui crie au fond de votre cœur;
Par ces genoux sacrés d'un roi que je révere,
Par les soupirs, les pleurs, les sanglots d'une mere,
Dans votre propre sang n'allez point vous plonger;
Laissez à l'Eternel le soin de se venger:
S'il faut sur l'un de nous voir tomber la tempête,
Frappez; je viens, seigneur, vous apporter ma tête:
Que du fils de mon Roi ma mort sauve les jours.
Des malheurs que je crains rompez ainsi le cours,
Et ne contraignez point un peuple téméraire
A forcer votre cœur aux sentimens d'un père.

SAUL.

Je forcerai ce peuple à suivre son devoir:
Pour toi, sur mes bontés ne fonde aucun espoir:
Non que, trop occupé d'un si sanglant outrage,
Je ne rende justice encore à ton courage,
Et que mon foible cœur, saisi d'émotion,
Ne semble applaudir même à ta rebellion.
Mais je dois ton trépas à ma gloire offensée;
Et quand, suivant ici ma tendresse insensée,
Je sauverois un fils qui méprise mes lois,
Me rendras-tu ce fils tel qu'il fut autrefois?
Avec mille vertus le Ciel l'avoit fait naître;
Ta révolte en a fait un infidele, un traître,
Digne de mon courroux, que tu lui fais braver
Digne enfin de la mort dont tu le veux sauver.
Le perfide trahit et le Ciel et son pere!
Ah! que le Tout-Puissant me juge en sa colere
Si, d'un fils criminel payant les attentats,
Une honteuse mort n'en purge mes états!
Mais le voici.

ACHINOAM.

Grand dieu! qui pourra le défendre?

ABNER.

Ciel! comment, et pourquoi vient-il ici se rendre?

SCENE VI.

SAUL, JONATHAS, ABNER, ACHINOAM, MÉROB, MICHOL, PHANES, Gardes.

SAUL.

Traître, prétends-tu donc vainement m'irriter?
Jusque dans cette tente oses-tu m'insulter,
Perfide?

JONATHAS.

Jugez mieux de l'ardeur qui me guide;
Non, je ne suis, Seigneur, ni traître, ni perfide...

SAUL.

S'il est des noms plus durs, ils te sont dûs encore:
Lâche, qui, succombant à la peur de la mort,
Et flattant contre moi des troupes insensées...

JONATHAS.

N'en craignez rien, Seigneur, je les ai dispersées;
J'ai pris le temps qu'Abner revenoit en ces lieux:
Pourquoi, leur ai-je dit, ce secours odieux?
Les troupeaux des vaincus sont les seules victimes
Qu'exige l'Eternel pour effacer mes crimes;
Allez les rassembler: on court, on m'obéit,
Leur zele impétueux me sert et les trahit.
Par un ordre trompeur j'écarte ce qui reste,
Et, cachant un projet glorieux et funeste,
Je me rends en ces lieux par des chemins secrets,
Et je viens me livrer à vos justes arrêts.

SAUL.

Grand Dieu! quelle surprise à la mienne est égale!
Qu'entends-je? où m'emportoit ma colere fatale?
Je retrouve mon fils dans ces généreux traits:
Mais, en le retrouvant, je le perds pour jamais...

O Ciel! tant de vertus ne calment point ta haine!

ACHINOAM.

Ah, mon fils! quel malheur dans ce lieu vous ramene?
Fuyez plutôt, vivez.

JONATHAS.

Vos vœux sont superflus,
Madame, oubliez-moi; votre fils ne vit plus.
Vous, seigneur, rassemblez ceux qui vous sont fideles,
Prévenez au plutôt le retour des rebelles;
Et, si vous m'en croyez, pour les contenir mieux,
Vous-même en ce moment montrez-vous à leurs yeux:
Mais avant que, courant au coup qu'on me prépare,
Un éternel adieu pour jamais nous sépare,
Mon pere, voudrez-vous accorder à mes vœux
La grace d'un ami si grand, si généreux?
Sur tous les révoltés faites qu'elle s'étende,
C'est tout ce qu'en mourant votre fils vous demande,
La faveur qu'à vos pieds j'implore de mon roi,
La derniere bonté que vous aurez pour moi.

SAUL.

Ah, mon fils! vous voyez que ma tendresse est vaine,
Que malgré tous nos vœux votre mort est certaine:
Jugez de ma douleur, par le trouble où je suis;
Pour la derniere fois embrassez-moi, mon fils.
J'admire avec transport quel est votre courage:
Mais mon cœur accablé n'en connoît plus l'usage;
Plus sensible que vous aux cruautés des cieux,
Mes larmes, malgré moi, s'échappent de mes yeux.
Ciel! acheve, et m'arrache une funeste vie.

ACHINOAM.

Oui, j'ose défier toute sa barbarie;
Ce coup impitoyable a comblé mes malheurs;

J'ai tout perdu.

JONATHAS.

Calmez d'inutiles douleurs;
N'irritez point le ciel par de nouveaux outrages;
De votre auguste hymen vous avez d'autres gages:
(à Mérob et à Michol.)
Veuille le Tout-Puissant, mes sœurs, trop rigoureux,
Vous dispenser des jours plus longs et plus heureux.
Pour vous, Abner, sans cesse animé d'un vrai zele,
A nos lois, à l'Etat soyez toujours fidele;
Que le regne de Dieu par vous soit affermi;
Mon pere vous pardonne, et je meurs votre ami.

ABNER.

Je refuse un pardon qui souilleroit ma gloire,
Et l'avenir rendra justice à ma mémoire:
Si, pour sauver vos jours, j'ai manqué de pouvoir,
La faute en est au Ciel, j'ai rempli mon devoir:
J'ai tout fait, tout tenté pour vous sauver la vie;
Vous périssez, le Ciel a trompé mon envie:
Mais je ne verrai pas du moins ses cruautés,
Et ce fer préviendra votre mort....
(Il veut se percer de son épée, et Jonathas le retient.)

JONATHAS.

Arrêtez.
Qu'on s'assure de lui, qu'on lui prenne ses armes:
Allons, c'est trop causer de troubles et de larmes;
Gardes, vers le bûcher venez guider mes pas.

MICHOL, se jetant au-devant de lui.

Ah, mon frere! arrêtez.

MÉROB.

Ne l'abandonnons pas.

ACHINOAM.

Oui, mes filles, venez, montrez le même zele,
Courons, et le suivons dans la nuit éternelle.
(Elles veulent suivre Jonathas, qui est arrêté par Samuel.)

SCENE VII.

SAUL, ACHINOAM, JONATHAS, MÉROB, MICHOL, SAMUEL, PHANES, GARDES.

SAMUEL. (à Jonathas)

Demeurez, prince ! et vous, rassurez vos esprits.
Reine ! ne donnez plus de pleurs à votre fils.

ACHINOAM.

Ciel !

SAMUEL.

Celui qui des cœurs perce tous les nuages,
Qui produit, à son gré, le calme et les orages,
A vu de Jonathas les glorieux desseins ;
Ses foudres enflammés sont tombés de ses mains :
Cours, vole, m'a-t-il dit, annonce à la Judée
Que d'un œil de bonté son Dieu l'a regardée,
Qu'il se laisse toucher aux cœurs vraiment soumis,
Et que de Jonathas le forfait est remis.
A cet ordre divin, surpris, saisi de joie,
Pour rendre grace au ciel des biens qu'il nous renvoie,
J'immole une victime, et du plus haut des cieux
Un feu sacré s'élance et la brûle à nos yeux :
Chacun loue en tremblant la clémence céleste ;
Je pars, et viens calmer votre crainte funeste,
Rendre un fils glorieux à vos justes souhaits,
Et de la part de Dieu vous apporter la paix.

ACHINOAM.

Ah, mon fils ! quel bonheur vous rend à ma tendresse !

SAMUEL.

Gardez pour d'autres tems ces marques d'alégresse ;
C'est au Dieu d'Israël que ces moments sont dûs.

JONATHAS.

Vivons, consacrons-lui des jours qu'il m'a rendus,
Et gravons dans nos cœurs ses bienfaits et sa gloire.

SAUL.

Oui, qu'à jamais Jacob en garde la mémoire,
Et que les Juifs en paix, sous mes lois rassemblés,
Célebrent les faveurs dont nous sommes comblés !

FIN DE JONATHAS.

TABLE DES PIECES

CONTENUES

DANS CE VOLUME.

FIN.

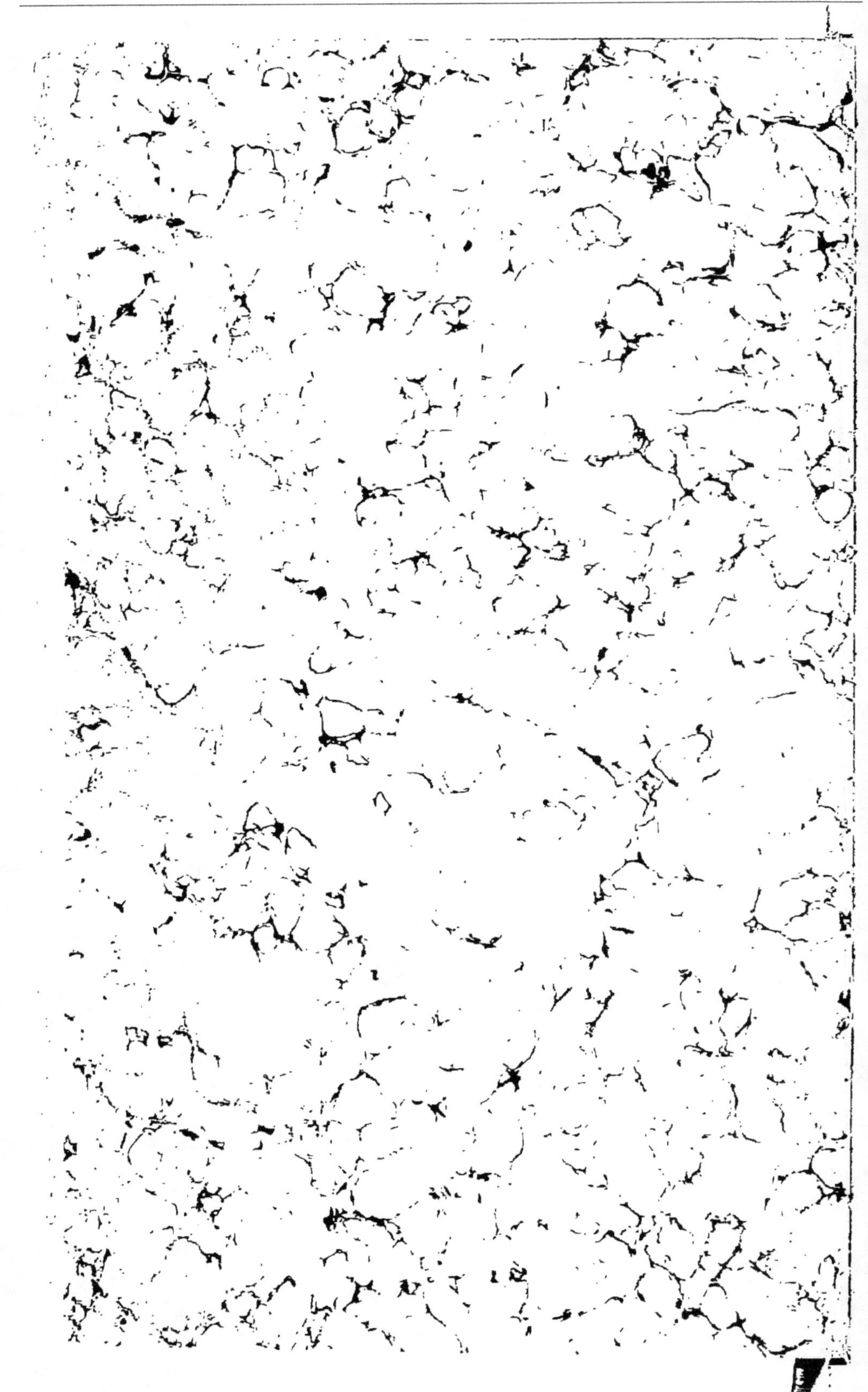

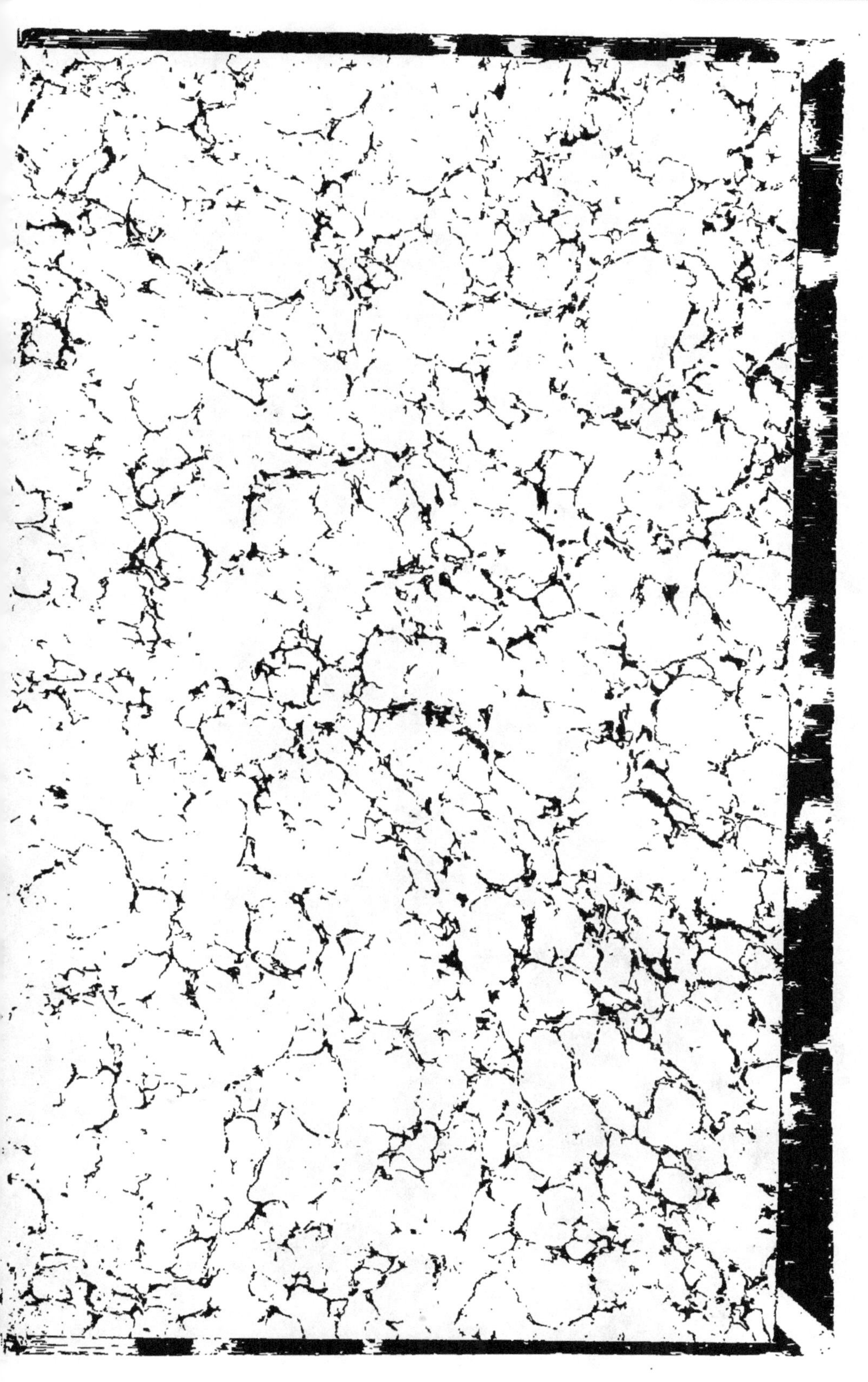